# 誰も書かなかった「タブーの戦国史」大全

別冊宝島編集部 編

宝島SUGOI文庫

宝島社

# はじめに

「本能寺の変」は明智光秀が独断で起こしたものだったのか。織田信長は本当に伝統や権威を軽んじていたのか。真田幸村は大坂夏の陣で、最期を悟って敵兵に「オレの首を持っていけ」と言ったのか。

今に伝わる歴史は真実のほんの一部分にすぎず、それさえ勝者によって都合のよいものに改ざんされているおそれがある。また、小説やドラマなどのイメージから、誤った武将像を真実のものと思い込んでいる人も多いだろう。近年、研究が進んだことで、戦国史の真相が少しずつ明らかになっている。

そこで、有名な事件の背景から武将の意外な素顔、戦国時代では常識だった一風変わった作法まで、学校では教えてくれない戦国史のタブーに迫る。

別冊宝島編集部

# CONTENTS

# 2章
# 知られざる武将たちのウラの顔

## 3章

# 脚色なし！ あの〝英雄伝説〟の真偽

4章

# 教科書には載っていない戦国時代の真実

189

本書では学術的には解明されていない通説・俗説・推論も紹介しています。また、歴史的な事件を取り上げるにあたり、当時のままの表現を用いている場合があります。

# 1章

# 学校では教えてくれない天下人たちの真実

TABOO 01

恨みか、それとも見せしめか

# 伊勢長島門徒2万人を殺戮！中世のタブーに挑んだ信長の狙い

「第六天魔王」の異名をもつ織田信長は、弟を死に追いやった伊勢長島一向一揆を許さなかった。2万人の門徒をことごとく殺戮し、力づくで平定した。

## 10年以上続いた一向一揆との戦い

戦国時代も後半に差しかかると、鉄砲の普及や戦術の変化などもあり、戦闘での犠牲者数が飛躍的に増加する。特に織田信長は数千人〜数万人規模の大虐殺を何度も敢行したが、その中でも伊勢長島一向一揆攻めでは2万人の門徒を殺戮《さつりく》している。

信長は、その生涯においてさまざまな敵と戦っているが、特に苦戦を強いられた相手が一向一揆である。そもそも「一向一揆」とは、一向宗（浄土真宗）本願寺派の門徒による一揆を指す。一向宗の門徒は信仰心が強く、死を恐れなかった。そのため、ひとたび一向一揆が発生すると、鎮圧するのは容易ではなかった。戦国大名の中でも戦上手とされる上杉謙信や徳川家康も、一向一揆には苦しめられた。

一向宗本願寺派の総本山である石山本願寺は、寺院というよりは強固な城郭であった。のちに豊臣秀吉が跡地に大坂城を建てたのも、この地が水に囲まれた要害だったからだ。また、全国の門徒が各地の寺を通じて資金を寄進したため、軍事力はその辺の戦国大名をはるかに上回っていた。

織田信長と一向宗門徒の戦いは、元亀《げんき》元年（１５７０）から始まる。永禄11年（１５６８）に足利義昭を奉じて上洛した信長は、京都御所再建の名目で本願寺に矢銭《やせん》５０００貫を要求する。本願寺11世法主の顕如《けんにょ》はこれを承諾するが、信長はその後も本願寺に対して無理難題を押しつけてきた。我慢の限界に達した顕如は、諸国の門徒に「仏敵信長を討つべし」と檄文を送り、10年にわたって続く「石山戦争」が幕を開けた。

こうして織田領内の各地で一向宗が蜂起するが、なかでも信長を苦しめたのが伊勢長島の一向宗門徒である。長島は信長の本国である尾張の目と鼻の先にあり、木曽川・長良川・揖斐川《いびがわ》が合流した中洲で、運輸業や商業が発展していた。

美濃《みの》平定後、信長は伊勢に侵攻してその大半を手中に収めたが、長島だけは支配下に入らなかった。長島では、本願寺派の寺院である願証寺《がんしょうじ》を中心に独自の生活圏が根づいており、容易に手出しすることができなかったのだ。美濃国主で信長に敗れた斎藤龍興《たつおき》も長島に逃げ込んだが、信長はどうすることもできなかった。

そして元亀元年（1570）11月、顕如の檄文を受けて長島の一向宗門徒が蜂起する。一揆勢は信長の弟・信興が守る古木江《こきえ》城を攻めるが、信長は浅《あざ》井《い》・朝倉との戦いで身動きがとれなかった。信興は孤立無援の状況下で奮戦するが、力尽きて自害した。信頼していた弟を討たれたことで、信長の長島一向一揆衆に対する憎悪は一気に高まった。そしてこれが、4年後に起きる「2万人殲滅」の伏線となる。

その後、浅井・朝倉との和睦が成立し、畿内での戦いがひと段落する。そこで信長は弟の仇を討つべく、元亀2年（1571）5月、5万の兵を率いて伊勢長島へと出陣した。織田軍は方々に火をつけながら進軍するが、ひとまず撤退しようとする。一揆勢はその隙を突いて攻撃を仕掛け、織田軍は総崩れとなった。柴田勝家が負傷、氏家卜全《ぼくぜん》らが討死し、信長は作戦の再考を余儀なくされた。

## 陸と海から包囲して一揆勢を追い詰める

天正元年（1573）9月、前月に浅井・朝倉を滅ぼした信長は2度目の長島攻めを敢行する。一揆勢が籠もる西別所などを破り、10月には伊坂、萱《かよ》生《う》、赤堀といった辺りを制したが決定的な打撃には至らず、美濃への帰陣を開始した。すると一揆勢が地の利を活かして織田軍に攻撃を仕掛け、またしても大打撃を与える。織田軍は林新次郎などが討たれ、一揆勢を振り切り何とか岐阜へ引き返した。

2度にわたる敗北で、信長のプライドはズタズタに傷つけられた。翌天正2年（1574）7月、信長は必勝を期して伊勢長島に3度目の攻撃を仕掛けた。信長が長島一向一揆を執拗に攻めたのは、単に一揆勢が手強かったからではない。長島が斎藤龍興など信長の敵を匿う巣窟で、弟の信興を討った憎き仇だったからだ。そのため、3度目の

若き日の
織田信長の像。
写真／岐阜市

攻撃では悲惨な終幕が訪れることになる。

総勢７〜８万の織田軍が陸と海から長島を包囲し、周りの砦を次々と陥落させていく。追い詰められた一揆勢は、長島・大鳥居・屋長島《やながしま》・篠橋・中江の５つの城に逃げて立て籠もった。

織田軍はまず大鳥居と篠橋を大鉄砲で集中攻撃し、櫓《やぐら》や塀を容赦なく打ち崩す。やがて一揆勢の食糧が尽き降伏を申し出たが、信長は断固としてこれを受けつけない。重臣の河尻秀隆に宛てて送った書状には、「一揆勢が降伏を願い出ても、根切る」とあり、一揆勢を皆殺しにする気でいた。そして引き続き兵糧攻めを行い、大鳥居と篠橋にいた一揆勢を追い込んだ。

８月２日夜半、大鳥居に籠もる男女千人が風雨に紛れて脱出する。それに気付いた柴田勝家が逃亡者たちを斬殺し、翌日、大鳥居は陥落した。『信長公記』によると、このとき城の男女２０００人が斬り殺され、耳と鼻を削ぎ落として長島城に送ったことが述べられている。

## 2万人の一揆勢が容赦なく焼き殺される

一方、兵糧が尽きて餓死者を出した篠橋の一揆勢は、「長島に行って織田方として戦う」と忠節を誓う。信長はこれを受け入れ、大鳥居の残党とともに他の3城に移ることを認めた。一見、寛容な措置に見えるが、これは長島の一揆勢を「干し殺し」にするための巧みな謀略であった。こうして篠橋の一揆勢は命を永らえたが、食糧が足りない状況は相変わらず続いた。

9月末になると3城の食糧が尽き、餓死する者が続出する。兵糧攻めに耐えきれなくなった長島城の一揆勢は降伏を願い出て、「城から退去する」という条件で認められた。しかし、信長が一揆勢を「根切り」する方針に変わりはなかった。

9月29日、降伏が認められた一揆勢は城を出て、弱り果てた身体で舟に乗って退去しようとする。ところが織田軍は鉄砲で容赦なく乱射し、一揆勢は男女の区別なく斃《たお》れていく。運良く岸にたどり着いても斬り殺され、一揆勢を絶望の淵に追い込んだ。しかし、中には裸になって抜刀し、捨て身で織田軍に襲いかかる者もいた。この一揆勢の思わぬ反撃で信長の庶兄・信広や弟・秀成など、多くの織田一族が討ち取られた。逃亡できたのは、わずか300人ほどだったという。

長島城の一揆勢の反撃に激怒した信長は、残った屋長島と中江に籠もった一揆勢2万に対し、さらに苛烈な仕打ちをする。一揆勢が逃げ出さないよう柵で何重にも囲み、四方から火を放ったのだ。城中には女性や子供もいたが、逃げることもできず焼け死んだ。これが信長の「根切り」作戦の顛末であった。

信長が長島一向一揆衆を容赦なく「根切り」したのは、個人的な恨みもさることながら、他の一向一揆衆への見せしめという意味合いもあった。だが一揆勢は相変わらず捨て身で戦いに挑み、終結までは、なお数年の歳月を要した。

TABOO 02

息子に対して薄情だった家康

# 家康の正妻と嫡男殺害は本当に同盟のためだったのか

徳川家康は、織田信長の命令で正妻と嫡男を死に追いやったというのが通説になっているが、じつは単なる親子ゲンカだった可能性もある。

## 将来が期待されていた家康の長男・信康

三河の小大名だった徳川家康が「東海一の弓取り」と呼ばれるまでに飛躍した背景には、織田信長との同盟がある。

信長と家康の付き合いは古く、天文《てんぶん》16年（1547）から翌17年（1548）の間には出会っていたとされている。家康は今川義元の人質として駿府に送られるはずが途中で裏切りにあい、2年間尾張に滞在していた。そのため、2人が出会っていた可能性はきわめて高い。

2人が同盟を結んだのは永禄5年（1562）、桶狭間《おけはざま》の戦いで今川義元が討たれてから2年後のことである。同盟の証として信長の娘・徳姫が家康の長男・信康に嫁ぐことになったが、実質的には家康が信長に従う「従属同盟」であった。

家康は、この屈辱的ともいえる同盟を20年にわたり維持し続けた。だが一度だけ、同盟に亀裂が生じる可能性があった。それが「松平信康切腹事件」である。大久保彦左衛門（忠教《ただたか》）が記した『三河物語』に、その詳細が記されている。

信康は勇猛果敢でその将来が期待されていたが、一方で『松平記』や『三河後風土記』には、気性が激しく、日頃から乱暴な振る舞いが多かったことが記されている。また、「妻の徳姫と母（家康の正室）・築山殿《つきやまどの》の折り合いが悪く、信康と徳姫の夫婦仲もよくなかった」とある。

天正7年（1579）7月、徳姫は12箇条からなる手紙を実父・信長に送る。書状には、夫や姑と不仲であること、築山殿がかつて武田氏と内通していたことが記されていた。信長は、家康の使者として赴いていた酒井忠次を詰問する。忠次がすべて事実と認めたため、信長は家康に信康の切腹を要求した。

8月29日、築山殿は家康の命を受けた野中重政らによって殺害された。これと前後して信康も二俣城に幽閉され、9月15日に切腹した。家康は妻子を犠牲にしてまで、信長との同盟を優先させたのである。

## 家康と信康の「親子ゲンカ」だった!?

以上が松平信康切腹事件の顛末だが、これがすべて事実だったとは言い難い。なぜなら『三河物語』を書いた大久保彦左衛門は徳川の忠臣で、徳川家に都合が悪い部分を隠していた可能性があるからだ。信康についても、優れた武勇や孝心を称賛しており、人格は否定していない。

また彦左衛門は忠次を嫌っており、『三河物語』でも「信康をかばわなかった不忠者」として扱っている。忠次が家康の使いとして安土城に参ったのは、織田方の史料である『信長公記』に記されているが、そこで信長が「信康を切腹させろ」と忠次に言ったというエピソードは書かれていない。

そして信康と徳姫の不仲については、松平家忠の『家忠日記』にも記されているが、夫婦仲が悪いだけで同盟相手の嫡男を切腹させるというのは、あまりにもリスクが大きい。信長と家康の力関係に差があったとはいえ、戦上手の家康が北条・武田・上杉と手を組めば、さすがの信長も苦しくなる。そのため、「信長が信康の切腹を命じた」という通説には疑問の余地がある。

こうした検証から、最近では「家康と信康の親子ゲンカ」が切腹の原因ではないかといわれている。『安土日記』や『当代記』には、信康を処断した理由を「逆心」と述べており、家康と信康の間に何らかの対立が生じていたことをうかがわせている。家康は酒井忠次を遣わし、盟友である信長に相談したようだ。

では、家康と信康はなぜ対立したのか？　その原因は定かでないが、家康の正室で信康の母である築山殿の存在が、〝親子ゲンカ〟のカギを握っていたようだ。

築山殿は今川義元の姪にあたり、弘治3年（1557）、義元の命で今川家の人質だった家康に嫁いだ。だが桶狭間の戦いで義元が敗死すると、築山殿の人生は急転する。元亀元年（1570）までは家康の居城だった岡崎城に入ることが許されず、城外に住まわされ続けた。ようやく岡崎城に入っても、すでに家康は本拠を浜松に移して

復元された岡崎城天守。写真／フォトライブラリー

おり、夫婦が顔を会わせることはほとんどなかった。

それでも、息子の信康と同居することはできた。築山殿は長年にわたって粗略な扱いを受けてきたため、信康をそそのかして親子の不和を招いた可能性はある。

では、仮に親子間の対立が原因だとしたら、なぜ事実が隠蔽されたのか。その背景にあるのが、家康の神格化である。征夷大将軍として幕府を開いた家康は、死後、「東照大権現」という神として崇められるようになる。このとき、「息子殺し」という神にふさわしくない事績が隠蔽されたのかもしれない。

そして、築山殿はプライドが高くて嫉妬深い女性といわれてきたが、これは江戸時代に入ってから創作されたものとされている。家康が厄介者である築山殿を処断したが、それを正当化するために彼女を悪女に仕立て上げた可能性もある。また、築山殿は武田氏と内通していたといわれているが、これも事実かどうかはわからない。

## 家康は勇猛果敢な息子を嫌っていた!?

家康を敬う人から見れば、「家康公が妻子を殺して、それを隠蔽するわけがない」と思うかもしれない。だが実際の家康は、他の子に対しても冷たい仕打ちをしている。

例えば、次男の秀康は家康に嫌われ、3歳になるまで対面が許されなかった。秀康とその母を不憫に思った信康が、父・家康に対面を促したとされている。ちなみに家康が秀康を嫌ったのは、秀康が双子で生まれてきたからという説がある。当時、双子は「畜生腹」と呼ばれ、忌み嫌われていた。秀康は羽柴秀吉のもとへ養子（実質的には人質）として差し出されているが、これも家康が秀康を嫌っていた証といえる。

秀康は武勇に秀で、人柄もよく、周囲からも認められていた。そのため、家康の後継候補として期待されていたが、家康は三男の秀忠を自分の後継に定める。結局、秀康は34歳の若さでこの世を去った。

また家康の六男・忠輝も、家康から生涯を通じて嫌われていた。江戸時代の家伝・系譜書である『藩翰譜《はんかんふ》』には、家康が7歳の忠輝と対面したとき、「恐ろしき面魂かな、三郎（信康）が幼かりし時に違ふところなかりけり」と語ったという記述がある。家康は忠輝から信康の面影を見つけ、忌み嫌っていたのかもしれない。

忠輝は剛毅で勇猛果敢な人物だったが、一方で粗暴な一面もあった。そのせいもあってか、忠輝は領地を取り上げられ、幽閉の身となってしまう。そのまま赦免されることなく、92歳で没した。

家康は信康、秀康、忠輝といった武勇絶倫タイプの子を嫌う一方で、秀忠のような従順型の子は優遇した。秀忠は関ヶ原の戦いに遅参するなど、必ずしも家康の期待に沿ったわけではない。だが枠からはみ出なかったことで、後継者となることができたのである。

TABOO 03

俗説・妄説だらけの姫君

# 豊臣秀頼の呪いで不幸になった!?戦国のプリンセス・千姫の生涯

7歳で豊臣秀頼に嫁ぎ、19歳で未亡人となった千姫。その後、美男子と再婚して幸せな日々を過ごしたが、秀頼の呪いで悲劇に見舞われる。

## 豊臣秀吉の遺言で決められた縁談

千姫は慶長2年（1597）、徳川秀忠とお江の長女として生まれた。翌年、豊臣秀吉が62歳で病没するが、このとき秀吉は秀忠の父・家康に対し、豊臣家の後継である秀頼と千姫の縁組を約束させる。秀頼はまだ6歳と幼く、豊臣政権を維持するには家康の補佐が欠かせなかったのだ。

だが関ヶ原の戦いで家康が勝利したことで、豊臣政権に揺らぎが生じる。慶長8年（1603）、家康は征夷大将軍に任じられて江戸に幕府を開いたが、豊臣恩顧の大名はいまだ健在だった。そこで「秀頼と千姫の縁組」という秀吉の遺言を利用し、豊臣家と結びつきを深めることにした。こうして千姫は、わずか7歳で豊臣家に嫁いだ。「姑の淀殿は、千姫に対するあたりが厳しかった」ともいわれているが、淀殿と千姫は伯母と姪の間柄でもあり、嫁と姑のような対立は生まれなかったとされている。

千姫は大坂城で10年以上を過ごしたが、祖母のお市の方の影響もあり、美しい姫君へと成長する。秀頼との間に子は生まれなかったが、夫婦仲はとても仲睦まじかった。千姫の16歳を祝う儀式では、秀頼が自ら千姫の髪を切りそろえたという。彼女は徳川家と豊臣家をつなぐ架け橋になろうとしたが、両家の仲は徐々に悪化していく。

慶長16年（1611）、70歳を超えた家康は二条城で19歳の秀頼と対面したが、立派な体躯の秀頼を見て驚愕する。家康は「自分が生きているうちに、この若者を亡き者にしなければならない」と感じ、豊臣家に戦いを仕掛けたのである。

こうして慶長19年（１６１４）11月、大坂冬の陣の火ぶたが切って落とされた。家康は20万を超える大兵力で大坂城を攻めたが、秀吉が築いた城はビクともしない。そこでいったん講和を結び、城の堀を埋めて再戦に臨んだ（大坂夏の陣）。家康は千姫を城から連れ出そうとしたが、彼女は秀頼の正室として城にとどまった。

だが真田幸村ら豊臣方の武将が次々と討死し、大坂城陥落は時間の問題となる。慶長20年（１６１５）５月７日、秀頼側近の大野治長は主君秀頼と淀殿の命を救うため、千姫を城外へと送り出した（『落穂集』）。大事な孫娘である千姫から頼めば、家康も秀頼母子の助命を受け入れると考えたのだ。千姫は堀内氏久の先導で城を脱出し、途中から徳川方の武将・坂崎出羽守直盛の護衛も受け、茶臼山《ちゃうすやま》に陣を敷く家康のもとへたどり着いた。

これが千姫助命嘆願の一部始終だが、なぜか「坂崎が顔に火傷を負いながらも千姫を救出した」という芝居話が実話であるかのように広まり、今でもその話を信じている人が多い。この芝居話では、家康が「千姫を連れ出した者には、褒美として姫を嫁につかわす」と言い、それに坂崎が名乗りを挙げたという設定になっている。だがこうした事実は一切なかったとされている。

ちなみに坂崎は、千姫が本多忠刻《ただとき》に再嫁する際、嫁入り行列を襲おうとする計画を立てていた。ところが計画が事前に露見し、坂崎は殺害され、家も取り潰しとなった（千姫事件）。

## 豊臣家滅亡後に本多忠刻へ再嫁する

結局、千姫の助命嘆願は受け入れられず、秀頼母子は自害して果てた。秀頼には側室との間に2人の子がいたが、男子の国松（8歳）は捕らえられ、六条河原で処刑される。だが7歳の娘は、千姫の養女として寺に入ることを条件に助けられた。その後、姫君は鎌倉の東慶寺に入り、出家して天秀尼《てんしゅうに》と名乗った。

豊臣家の滅亡後、千姫は江戸へと送り戻される。夫を失った失意でふさぎ込み、体調も崩しがちだったという。しかし父の秀忠は、まだ10代の千姫を公家か大大名の家に嫁がせ、徳川家の役に立ってもらおうと考えていた。

そんな折の元和《げんな》2年（1616）、千姫が桑名藩主・本多忠政の長男である本多忠刻に嫁ぐことが決定する。これは若くして寡婦《かふ》となった千姫の境遇を思いやった家康が、せめてもの罪滅ぼしとばかりに決めた縁談とされている。忠刻は勇将・本多忠勝の孫で、凛々しい20歳の好青年だった。一説には、千姫が忠刻を見初めたともいわれている。

千姫の像。写真／フォトライブラリー

こうして千姫は本多家へと嫁いだが、それから間もなく、忠刻は「千姫の化粧料」として播磨《はりま》10万石を与えられる。夫・忠刻に付き従い千姫も姫路城に入ったが、このとき馬500頭、お供850人も付き従ったという。姫路城内には千姫専用の御殿も建てられ、内部には金箔も貼られていた。夫婦仲も円満で、元和4年（1618）には長女の勝姫、翌年には長男の幸千代と2人の子宝に恵まれ、幸せな日々を過ごしていた。

## 亡夫・秀頼の恨みで家族が次々と病死!?

ところが元和7年（1621）、長男の幸千代がわずか3歳で夭折してしまう。その後、千姫は何度も妊娠するが流産を繰り返し、なかなか子宝に恵まれなかった。姫路市にある千姫天満宮には、千姫が子供を授かるよう願って奉納した羽子板があり、彼女が神仏にすがっていた様子がうかがえる。

そして占いにも頼るようになるが、そこで「徳川に滅ぼされた亡夫・秀頼の恨みが千姫に祟っている」という衝撃の結果が出る。占いのあと、千姫は観音像を奉納したが、その中には秀頼に許しを請う願文も納められていた。

さらに各地の寺社へ寄進を行い、建物の修理をすることで、神仏の加護を得ようとした。しかし寛永3年（1626）、夫の忠刻が31歳の若さで亡くなってしまう。大坂城陥落と同じ5月7日に亡くなったことから、人々は「豊臣家の祟りだ」と噂した。

当時、「豊臣家の祟り」は至るところで信じられてきた。例えば、大坂城の空堀では、雨が降る夜になると人魂が現れるといわれていた。大坂の陣では、この堀に豊臣方の兵の血がおびただしく流れたとされており、雨が降るとその魂が蘇ったという。

また大坂城の西の丸には、「開かずの間」と呼ばれる封印された部屋があった。大坂落城の際には多くの人々が自害したが、その悪い気を封じるために設けたともいう。なかには部屋を無理やり開けた者もいたが、そういった人たちは病気になったり、正気を失ってしまった。こうした「豊臣家の祟り」が、千姫にも取り憑いたというのだ。

忠刻の死の1カ月後、忠刻の母で家康の孫（長男・信康の娘）である姑・熊姫が病没する。さらに3カ月後、今度は実母のお江が江戸城西の丸でこの世を去る。立て続けに不幸に見舞われた千姫は江戸に戻り、出家して天樹院と号した。一方、娘の勝姫は無事に成長し、備前岡山藩主の池田光政に嫁いだ。

その後、千姫は2人の夫の菩提を弔う日々を過ごしたが、彼女にはもうひとつの俗説が存在する。それは未亡人となった千姫が、屋敷（吉田御殿）の前を美男子が通りかかると誘い込み、飽きると殺したという「吉田御殿の乱行伝説」である。「吉田通れば二階から招く、しかも鹿子《かのこ》の振袖で」という歌まで流行ったが、これは完全な創作であった。そもそも、将軍の姫君が外を通る男に声をかけられるような屋敷には住まないし、「吉田御殿」という建物も存在しなかった。

ではなぜ「吉田御殿」の話がまことしやかに伝えられたのか？　その理由は定かでないが、徳川の仇敵である豊臣家に嫁ぎながら、再嫁して幸せな日々を過ごした千姫に対する、嫉妬と羨望の表れだったのかもしれない。

TABOO 04

止まらなかった負の連鎖

# 歴代城主が次々と不幸な最期を遂げた岐阜城の怪

**織田信長の居城として名高い岐阜城は、なぜか城主が非業の最期を遂げ続けた。単なる偶然か、それともこの地に何らかの怨霊が渦巻いているのか!?**

## 本能寺の変で信長・信忠父子が横死

標高329メートルの金華山《きんかざん》（稲葉山）の頂に建つ岐阜城は、織田信長の居城として知られている。現在の天守は昭和31年（1956）、鉄筋コンクリート建築で再建されたものである。

かつては稲葉山城と呼ばれ、斎藤道三の〝国盗り〟の本拠となった。道三の死後は義龍、龍興《たつおき》が城主を務めたが、永禄10年（1567）、織田信長が攻め落として本拠とした。信長は「古代中国の周王朝の文王が岐山によって天下を平定した」という故事にちなみ、この地を「岐阜」と改める。そして足利義昭を奉じて上洛し、畿内に覇を唱えるための拠点となった。だが信長をはじめとする岐阜城の城主は、それぞれ悲劇的な最期を遂げることになる。

信長が本能寺の変で横死したのは周知の通りだが、このとき岐阜城主を務めていたのは嫡男の信忠である。信長は天正4年（1576）、織田家の家督を信忠に譲り、新たに安土城を築いてその城主となった。信忠は父に代わって軍を率いる機会も多くなり、その将来が期待されていた。ところが天正10年（1582）6月2日、信忠はわずか数百の手勢で明智光秀軍1万3000余りと戦い、わずか26歳で亡くなってしまう。

信忠は信長とともに上洛し、妙覚寺《みょうかくじ》に滞在していた。明智軍の信長襲撃の報を聞くと二条新御所に移り、明智の大軍と戦う姿勢を見せた。明智軍は京の街道筋をすべて押さえていたわけではないので、織田家の当主という立場を考えれば、恥を忍んで逃げるのが最適な選択だった。ところが、信忠は戦うという選択肢を選んだ。武士としては誇りある最期だったかもしれないが、結果的には織田家が天下人の地位から転げ落ちる契機となる。

清洲会議の結果、織田家の後継者は信忠の長男・三法師となる。しかし、三法師はまだ3歳だったため、政務をとることはできない。そこで明智光秀を討った羽柴秀吉が、代わりに政務を担うようになった。だがこの決定に納得できなかったのが、信長の三男・信孝である。

会議が行われる前、織田家の後継者は次男の信雄《のぶかつ》か信孝と目されていた。信雄は兄ではあるが、当主としての才気や資質が欠けていた。そのため、信孝は自分が織田家の後継者になると、半ば確信していた。その状況からの三法師なのだから、信孝は相当ショックを受けたはずだ。それでも三法師の後見役として岐阜城を与えられ、筆頭家老の柴田勝家と手を組み、秀吉の〝野心〟を食い止めようとした。

## 賤《しず》ヶ《が》岳《たけ》の戦いに敗れて切腹した織田信孝

ところがその年の12月、秀吉は突如信孝に対して挙兵し、岐阜城を取り囲む。勝家の本拠である越前《えちぜん》が雪に覆われ、身動きがとれないタイミングでの攻撃だった。戦いの準備など何もしていない信孝は降伏せざるを得ず、やむなく三法師を秀吉に引き渡した。そして、母と娘を人質として秀吉のもとへ送った。

天正11年（１５８３）３月、雪がとけるのを待ってから柴田勝家が兵を挙げる。織田家をないがしろにしてやりたい放題する秀吉を、筆頭家老としてこれ以上看過するわけにいかなかったのだ。勝家が兵を挙げると信孝も再度兵を挙げ、伊勢の滝川一益《かずます》とともに、三方から秀吉を追い詰めようとした。

だが秀吉は巧みに兵を動かし、賤ヶ岳の戦いに勝利して勝家を自害させる。頼みの綱だった勝家を失ったことで信孝の兵は逃走し、最終的には27人にまで減ったという。そして岐阜城を包囲していた兄の信雄に降伏したが、秀吉のもとにいた母の坂氏と幼い娘は磔刑《たくけい》に処された。

降伏後、信孝は尾張《おわり》国知多の大御堂寺《だいみどうじ》へと移されたが、間もなく自害させられた。建前としては兄・信雄の命令ということになっているが、秀吉の意向が含まれていたのはいうまでもなかった。切腹の際、信孝は腹をかき切って腸をつかみ出し、床の間にあった梅の掛け軸に投げつけたという。この血染めの掛け軸は非公開ではあるが、今も安養院に保存されている。

ちなみに信孝は「昔より 主を討つ身の 野間なれば 報いを待てや 羽柴筑前」という秀吉への怒りに満ちた辞世の句を詠んでおり、彼の無念の思いがヒシヒシと伝わってくる。

## 高野山に追放された信長の孫・秀信

信孝の死後、岐阜城はいったん織田家の支配から離れる。清洲会議にも出席した池田恒興《つねおき》が美濃《みの》大垣13万石の当主となり、恒興の子・元助が新たな岐阜城主となった。

しかし天正12年（1584）、秀吉と徳川家康が戦った小牧・長久手の戦いで、元助は父・恒興とともに討死してしまう。池田家の家督は元助の弟である輝政が相続し、天正13年（1585）に岐阜城主となった。その5年後、輝政は小田原征伐の功で三河国吉田15万2000石を与えられる。輝政は吉田へ去り、代わって豊臣秀勝（豊臣秀吉の養子）が岐阜城主となった。ちなみに秀勝の妻は、のちに2代将軍徳川秀忠の御台所となるお江である。

秀勝は「岐阜宰相」と呼ばれたが、朝鮮出兵の最中に戦病死してしまう。まだ24歳、岐阜城主になってからわずか1年半後の出来事であった。

秀勝の没後、岐阜城主となったのは、かつて三法師と呼ばれた織田家の当主・秀信である。9歳で元服した秀信は、若くして出世を重ねていく。文禄2年（1593）には、わずか14歳で従三位中納言に昇進し、「岐阜中納言」と呼ばれるようになった。秀信の祖父・信長は長良川の鵜飼いを保護してい るが、秀信もそれにならい、鵜飼いを保護した。この政策はその後、岐阜を治めた大名たちに受け継がれている。

こうして岐阜城は再び織田家のものとなったが、秀吉が亡くなると、運命は再び急転していく。慶長5年（1600）7月、徳川家康が会津の上杉景勝討伐のための兵を起こすと、秀信もこれに加わろうとする。ところが戦支度に時間がかかり、その間に石田三成からの勧誘を受けて西軍についた。

8月22日、池田輝政や浅野幸長《よしなが》ら東軍1万8000の軍勢が木曽川を渡河し、両軍は米野村で激突する。秀信は二重の防戦網を敷いて応戦するが、戦意盛んな東軍に蹴散らされ、岐阜城に立て籠もった。籠城戦は1日続いたが、もはや戦いを継続できる状態ではなかった。秀信は弟の秀則とともに自害しようとするが、輝政の説得で降伏・開城した。

この落城の際、多くの奥女中が池に身投げしたという。現在は岐阜公園の一角になっているが、子供が釣りをしていたら、釣り針に女性の長い髪の毛が引っかかったという伝承もある。池にはカジカガエルが生息しているが、これは亡くなった女中の生まれ変わりともいわれている。

城を出た秀信は剃髪し、尾張国知多に送られた。秀信の処遇をめぐって東軍諸将の間で議論になったが、福島正則が「自分の武功と引き換えに」と助命を請い、高野山へ送られることになった。しかし、祖父の信長が高野山の僧たちに圧力をかけたこともあり、秀信は高野山から迫害され続けた。そして慶長10年（1605）、秀信は高野山から追放されたあと、26歳の若さで病没する。本能寺の変がなければ天下人になっていたかもしれない〝おぼっちゃま〟の、あまりに寂しい最期であった。

関ヶ原の戦いのあと、岐阜には家康家臣の奥平信昌が入ったが、岐阜城は廃城となった。歴代城主に襲いかかる不幸が嫌われたのかもしれない。

ちなみに岐阜城主の中で唯一生きながらえた池田輝政は、慶長18年（1613）、50歳で急死した。あまりに急な最期だったため、「秀吉の祟りではないか」とも噂された。

岐阜城の復元天守。写真／岐阜市

TABOO 05

苦難の先に待っていた絶望

# 佐々成政のさらさら越えが無駄に終わった理由とは？

徳川家康を説得するため、佐々成政は厳寒の北アルプスを越える「さらさら越え」を敢行する。だが家康は成政の説得に応じず、失意のまま引き返していく。

## ライバルだった佐々《さっさ》成政と前田利家

佐々成政は天文5年（1536）、尾張《おわり》の比良《ひら》城主・佐々成宗《なりむね》の子として生まれた。早くから織田信長に仕え、馬廻衆《うままわりしゅう》の一員として活躍する。同年代の前田利家とは若い頃からライバル関係にあり、成政は黒母衣衆《くろほろ》、利家は赤母衣衆の一員として武功を挙げた。

母衣衆とは信長直属下の親衛隊で、鎧の上から母衣をかけ、本陣と先陣の連絡役として戦場を駆けめぐった。主君の軍令を的確に伝えなければならないので、沈着冷静で弁も立つ者でなければ務まらなかった。

成政は側近として忠誠を尽くす一方で、信長に対してたびたび諫言《かんげん》する。天正2年（1574）正月、信長は浅井《あざい》久政・長政父子、朝倉義景の頭蓋骨を薄濃《はくだみ》（塩漬けしてから漆で固め、金泥をかける）にしたものを家臣たちに見せびらかした。諸将が言葉を失うなか、成政だけは『後漢書』を例にとって諫めた。信長は怒るどころか成政を褒め、信頼を寄せるようになった。

天正3年（1575）、成政は北陸方面軍に配属され、柴田勝家の目付（監察者）に任じられる。このとき利家と不破光治も目付に任じられ、3人は「府中三人衆」と呼ばれた。その後は北陸戦線で戦い続け、天正10年（1582）には越中《えっちゅう》一国が与えられた。だがその直後に本能寺の変が発生し、天下の情勢は大きく揺れ動いていく。明智光秀を討った羽柴秀吉が天下の主導権を握り、織田家の筆頭家老だった柴田勝家は窮地に追い込まれた。

成政は勝家の側についたが、上杉景勝に備えなければならないため、賤ヶ《しずが》岳《たけ》の戦いには直接参加できなかった。一方、前田利家は合戦の最中に戦線を離脱し、秀吉方について勝家が敗れる要因をつくった。天正11年（1583）4月24日、勝家は妻・お市の方とともに自害し、柴田勢は完全に瓦解する。勝家という大きな後ろ盾を失った成政は剃髪し、娘を人質に差し出すことで本領が安堵された。

利家とは若い頃から苦楽を共にしたライバルだったが、この賤ヶ岳の戦いを境にすき間風が生じるようになる。とはいえ2人の領国は隣り合っていたため、両家は縁組を行い、結びつきを深めようとした。成政には男子がいなかったので、利家の次男・又若丸を娘婿に迎え、家を継がせようとしていた。だが成政が秀吉に敵対したことで、この縁組は立ち消えになった。

## 厳寒期の北アルプスを越えて家康のもとへ

信長の側近だった成政は、いわばエリート将官のような存在だった。そんな成政からすれば、秀吉は単なる成り上がり者でしかない。そのため、秀吉の下につくことは何よりも耐え難かったようで、天正12年（1584）に小牧・長久手の戦いが起こると、成政は反秀吉の姿勢を見せるようになる。

表向きは秀吉に対して友好的な姿勢を見せていたが、その裏ではひそかに戦いの準備を進めていた。7月には諸国の浪人を募集して兵を募ったが、不穏な動きを察知した利家は加賀と越中の境にある朝日山に砦《とりで》を築き、縁組の破約を通告した。すると成政は反秀吉の兵を挙げ、1万5000の軍勢で能《の》登《と》末森城に攻撃を仕掛けた。

末森城は能登・越中・加賀の国境にある要所で、この城が落ちれば利家の領地である加賀と能登が分断されるおそれがあった。だが末森城には奥村永《なが》福《とみ》ら1500人の兵しかおらず、落城は時間の問題となった。しかし、永福以下城兵たちがよく粘り、利家の援軍が来るまで持ちこたえた。これにより成政は勝機を逸し、越中に引き揚げて守りを固めるようになった。

成政は利家と上杉景勝に挟まれて苦境に陥ったが、そこへ「秀吉と織田信雄が和睦し、家康も兵を引き揚げた」という知らせが届く。これにより成政は完全に孤立したが、この窮地を脱するには家康に再び立ち上がってもらうしかない。そこで北アルプスを越える「さらさら越え」を敢行し、直接家康を説得しようとした。

成政が厳寒の北アルプスを越えたのは、敵に北陸道を押さえられ、通行することができなかったからだ。天正12年（1584）11月23日、成政はわずかな供を従えて富山城を出立する。立山の麓にある芦峅寺《あしくらじ》で食料と装備を調達し、案内人や荷運び、猟師、杣人《そまびと》（伐採や製材に従事した人）などを集め、信濃《しなの》大町を目指して積雪期の立山に入っていった。

## 実らなかった「さらさら越え」の決死行

立山は古くから霊山として信仰を集め、修験僧らが峰入りしていた。そのため、地元の人たちの協力がなければ「さらさら越え」を実行するのは難しかった。一行は、先達（案内人）↓猟師↓荷物運搬の杣人↓家臣↓成政↓家臣→杣人・猟師→先達の順で山中を進んだ。

成政は49歳と高齢だったこともあり、従者が担ぐ輿で移動したと『武家事紀』には記されている。前を歩く猟師や杣人らが雪を踏み固め、成政の輿が進むための道を作った。また傾斜が急な難所では、成政もいったん輿を降り、徒歩で移動した。

こうして立山を越えた成政は、信濃大町から高島を経て、駿河《するが》府中に入る。駿府《すんぷ》では家康の家老・本多作左衛門が乗馬50頭、伝馬１００頭を用意して成政を出迎えた。そして作左衛門の案内で浜松へ向かい、12月25日に浜松城で家康と対面した（『家忠日記』）。家康は成政が真冬の北アルプスを越えてきたことに驚き、温かくもてなしたという。

一方、成政は家康に対して再挙を促す。

立山連峰南部を水源とする常願寺川。
写真／フォトライブラリー

「願わくば、再び兵を起こして秀吉を撃ちたもうべし。然《しか》らば、我れ越中より軍を起して挟み撃ち、速やかに秀吉を誅《ちゅう》して、永く麾《き》下《か》に属して寸忠を尽くさん」(『武徳大成記』)

しかし、家康は成政の誘いに応じなかった。すでに秀吉と和睦を結び、次男の於義丸《おぎまる》(のちの結城秀康)を養子として差し出していたからだ。しかも家康は、信雄の誘いで戦いに参加したという経緯がある。そのため、秀吉と戦う大義名分もすでに失われていた。

それでも成政は自分を上杉謙信、家康を武田信玄に見立てて説得するが、これが家康の勘気に触れてしまう。信長の家臣筋である成政が、自分と徳川家を同等の扱いで語ったことに違和感を覚えたからだ。結局、説得は失敗に終わり、成政は浜松を後にする。このあと、成政は三河で鷹狩りをしていた織田信雄にも会いに行くが、すでに戦意をなくしていたため、相手にもされなかった。

成政は失意のまま越中へ帰国し、秀吉との戦いに備えた。天正13年(15

85）、秀吉は自ら10万の兵を率いて越中に攻め入る。成政は富山城に兵を集中配備して応戦するが、もはや頼るべき味方もなく、信雄の仲介で秀吉に降伏した。成政は一命こそ助けられたが、領地のほとんどを没収され、大坂移住を命じられた。

それでも九州征伐の功で肥後一国を与えられたが、天正15年（1587）、大規模な一揆を鎮圧できなかった責任を取らされて切腹を命じられた。

家康は成政の求めに応じなかったが、その後、成政の血族が奇妙な形で徳川家とつながっている。元和《げんな》9年（1623）、3代将軍の徳川家光は鷹司《たかつかさ》孝子を御台所に迎えたが、彼女の母・岳星院《がくせいいん》は成政の次女にあたり、佐々家と徳川家は縁戚となった。また時代劇『水戸黄門』に出てくる助さんのモデルとなった水戸徳川家の家臣・佐々介三郎宗淳《むねあつ》は、成政の姉（妹の説も）の曾孫にあたる。不本意な形でこの世を去った成政だが、その末裔はさまざまな形でその名を残した。

TABOO 06

最新研究でわかった「本当の信長」

# 実は伝統や権威を誰よりも重んじていた「覇王」織田信長

**織田信長といえば「破壊者」「改革者」の印象が強いが、最新の研究では「天下統一は目指していなかった」など、新たな〝信長像〟が浮き彫りになりつつある。**

## 「天下布武」は全国統一のスローガンではない⁉

織田信長といえば、旧来の秩序を破壊して新たな時代の礎を築いた異端児として位置付けられ、「天下布武」を掲げて天下統一に邁進《まいしん》したとされてきた。しかし最近の研究では、そういった信長像が見直され、「本当の信長」が明らかになりつつある。

現在の革新的な信長像が確立されたのは、昭和40年代に入ってからのこと。それまでは皇居を修復したり、伊勢神宮の式年遷宮を復興させたことから「勤王家」としての側面が強かった。だが信長の先進的なイメージが独り歩きし、いつの間にか「革新的な信長」が手放しで称賛されるようになった。冷静な視点で「真実の信長」が語られるようになったのは、つい最近になってからのことだ。

最新の信長研究で一番の焦点となっているのが、「信長は全国統一を目指していたか」である。信長といえば「天下布武」という文言を印章に用いているが、そもそも「天下」とは、「日本全国」ではなく「室町幕府が治めていた畿内」を指すことが多いとされている。そうなると、信長が「天下布武」という言葉に込めた思いも変わってくる。もしかしたら、足利義昭を奉じて上洛し、畿内を平定するために「天下布武」の印章を用いたのかもしれない。

一方で、「『天下』には畿内を含めた『世の中』という意味も含まれていた」、「最初は畿内を指していたが、途中から全国平定の意味で使われるようになった」など、「天下」の解釈は歴史研究者によってそれぞれ異なる。新たな発見があれば、「天下」の概念もある程度定まっていくはずだ。

## 足利義昭追放はやむをえず行ったもの!?

信長と足利義昭、室町幕府の関係性も、近年新たな説が唱えられている。「信長が幕府を再興し、義昭を傀儡《かいらい》として将軍の座に据えた」というのが今までの定説だったが、「義昭は信長の傀儡ではなかった」という主張が増えつつある。

傀儡説否定の背景には、当時の足利将軍の存在感が関係している。応仁の乱を機に幕府は衰退の一途をたどったが、それでも大名の名前に諱《いみな》の一字を与えたり、大名間の争いの調停を行うなど、ある程度の存在感と威厳はあった。大名の中には、上杉謙信のように幕府へ忠節を誓う者もいた。信長も永禄2年（1559）に上洛し、13代将軍足利義輝に謁見するなど、将軍に忠誠を尽くす姿が見受けられる。

また、平成26年（２０１４）には、信長が永禄９年（１５６６）に義昭を奉じて上洛しようとしたことを裏付ける書状が発見されている。当時の信長はまだ美濃《みの》を平定しておらず、義昭も近江《おうみ》国矢島に滞在していた。

今回発見された書状は、幕府再興を目指す義昭が山城や伊賀の武士に宛てて書き記したものである。「尾張《おわり》の織田信長が私の供をするので、味方をせよ」と呼びかけているが、南近江の六角承禎《しょうてい》が謀叛を起こしたせいで送付できなかった。これにより上洛計画も立ち消えになったが、信長が美濃を平定する前から上洛の野心を抱いていたことが明らかになった。「幕府や将軍といった権威を軽んじていた」という定説も、再考が必要である。

そして２年後、信長は満を持して上洛を果たすわけだが、このとき京都の政治権力をすべて手中に収めたわけではない。幕府が御料所の整備、都の商工業の権益や地子銭《じしせん》の掌握などを行ったことも明らかになっており、「義昭が信長の意のままに操られていた」という定説にも疑問が残る。

では、なぜ信長と義昭は対立したのか？　一説には「信長が義昭を力づくで押さえつけようとした」のではなく、「義昭の暴走を食い止める」ために対立し、最後は将軍の京都追放で幕を閉じたともいわれている。

あまり知られてはいないが、将軍在任中、義昭と朝廷は対立関係にあった。将軍就任の際、義昭は元号を「元亀《げんき》」に改元しようと朝廷に奏請したことがある。ところが信長は「天皇の在位が続いているのだから、わざわざ改元する必要はない」と反対し、このときは断念した。しかし2年後、義昭は信長が朝倉攻めを行っている最中に改元を強行する。

また室町将軍は禁裏《きんり》の修繕を代々行ってきたが、義昭はこれを行わなかった。さらに朝廷が「元亀」からの改元を決定した際も、義昭は改元費用の献上を拒んでいる。こうした姿勢が朝廷の反感を招き、朝幕関係の悪化を憂慮した信長は十七箇条の意見書などで義昭を諫めたが、まるで効果はなかった。それどころか信長を疎ましく思い、諸大名に信長を討つよう命じる始末だった。その結果、「天下を治めるに値せず」とみなされ、京都からの追放へと至ったのである。

本来、将軍には諸国の争乱を収める役割があった。だが義昭はその義務をほとんど果たさず、将軍追放後は信長がその任にあたった。抵抗する近隣勢力を討つ一方で、東北の伊達氏や関東の佐竹氏、九州の大友氏などとは友好関係を築いている。そのため、信長は室町幕府を完全に潰したのではなく、将軍追放という手段で上手く解体させ、その役割を引き継いだともいえる。

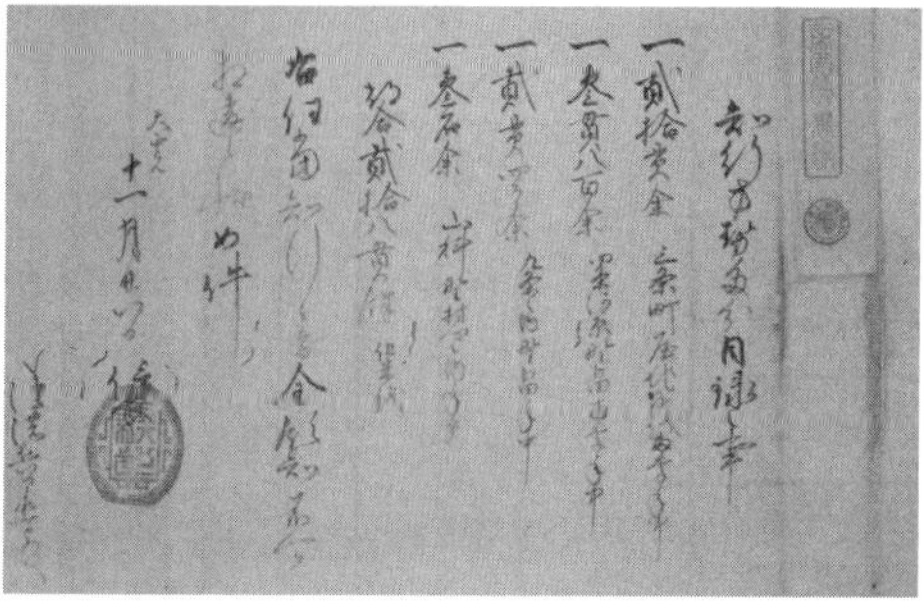
天下布武の印が押された織田信長の書状。国立国会図書館所蔵

## 天皇や朝廷を敬い続けた信長

続いて朝廷との関係を見ていくと、信長は朝廷や天皇を一貫して重んじていたというのが最近の定説である。かつては「信長が朝廷を圧迫

し、正親町《おおぎまち》天皇にも譲位を迫った」といわれてきた。しかし、この説も最新の研究で覆されつつある。

最近になって、「天皇が譲位して上皇になり、院政を敷くこと」が本来の朝廷の姿であると解明されている。譲位は1世紀以上にわたり途絶えていたが、正親町天皇は譲位を行うことで、朝廷を本来の姿に戻そうとしたのだ。とはいえ戦乱はいまだ収まらず、信長には譲位を後押しする余裕がなかった。結局、正親町天皇が譲位したのは、豊臣政権が安定期に入った天正14年（1586）になってからのことであった。

また信長は本能寺の変の直前、朝廷から三職《さんしき》（関白・太政《だじょう》大臣・征夷大将軍）を推任されたが返答を保留している。これについては、「信長が三職を固辞したのは、天皇制を廃して自分が頂点に立とうとしたから」という極論を述べる人もいる。だが実際は嫡子・信忠への官位叙任を優先するため、三職推任を固辞したものと考えられる。

このように、最新の研究では将軍や朝廷など、既存の権威を尊重していたことがわかる。また信長が行った政策でも、例えば楽市・楽座政策などは信長が創意して行ったものではなく、昔の戦国大名が行った政策を焼き直して実行したとされている。研究を重ねることで、「革新的な信長」のイメージが徐々に変わりつつあるのだ。

従来の信長像が好きな人が、最新の研究で明らかになった信長像を見れば、「こんなの信長じゃない！」と拒否反応を示すかもしれない。信長はその革新性が人気の秘訣であり、歴史人気の主軸を担う人物である。そのため、信長研究は足を踏み込んではいけない〝タブーの領域〟なのかもしれないが、そもそも歴史というのは通説を疑うところから始まるものである。今はまだ違和感を覚える人が多くても、何年か経てば「歴史の定説」として新しい信長像が定着していくはずだ。

TABOO 07

政局を変えた慶長伏見地震

# 豊臣政権を崩壊させたのは徳川家康でなく大地震だった！

豊臣政権は徳川家康が滅ぼしたと思われがちだが、実は畿内で起きた大地震をきっかけに綻びが生じ、内部から崩壊していった。

## 天正大地震で徳川家康を討ち損なった秀吉

豊臣秀吉は天正大地震と慶長伏見地震という、2つの巨大地震に見舞われている。天正13年（1585）11月29日に起きた天正大地震は、中部地方から近畿地方にかけて発生した超巨大内陸地震で、宣教師のルイス・フロイスは自著『日本史』で地震の様子を次のように述べている。

「日本では地震が起きることはさして珍しくなかったが、この地震は桁外れに大きく、人々に異常な恐怖と驚愕を与えた」

この頃の秀吉は四国や紀伊、越中《えっちゅう》などを次々と平らげ、天下統一に向かって邁進していた。そして大坂へ帰る途中、かつて明智光秀が居城としていた坂本城に立ち寄ったが、そのタイミングで大地震に見舞われたのだ。

フロイスの『日本史』によると、秀吉は手がけていたことを一切放棄し、馬を乗り継いで大坂城に戻ったという。それでも不安があったようで、しばらくは城の外で過ごした。

この地震では、秀吉の配下である山内一豊の居城・長浜城が城下町ごと崩壊している。一豊は京都に滞在していたため無事だったが、娘のよねが圧死した。また、飛騨《ひだ》では帰雲《かえりくも》城主の内ヶ島氏理《うちがしまうじまさ》が、一族郎党もろとも土砂崩れに遭って死ぬという悲劇も起きている。

このように、秀吉の勢力下では悲惨な被害が多数生じた。ところが、秀吉最大のライバルである徳川家康の領地では、それほど深刻な被害は生じなかった。当時、秀吉は10万超の軍勢で徳川領を攻める計画を立てていた。小牧・長久手の戦いでは秀吉の軍勢を手玉に取った家康だが、兵の数は4万人超しかなく、消耗戦になれば明らかに不利であった。そのため、戦いが始まれば厳しい展開になることが予想された。

ところが、大地震が起きたことで秀吉は遠征どころではなくなってしまう。家康はこの隙をついて秀吉に臣従し、豊臣政権のナンバー2の座を確保した。一方、秀吉は家康を討つ大義名分を失い、〝獅子身中の虫〟を家臣団に組み入れる結果となった。

## 豪華絢爛《けんらん》な伏見城が崩壊した慶長伏見地震

続いて秀吉が見舞われた巨大地震が、文禄5年（1596）閏《うるう》7月13日深夜に起きた慶長伏見地震である。

当時の秀吉は天下人として君臨する一方、さらに支配地域を拡げるべく唐入り（朝鮮出兵）に邁進していた。天下が統一されて平穏な暮らしが訪れると思っていた人々の期待は、見事に裏切られた。また信頼していた弟・秀長の死を境に猜疑心の虜となり、千利休や甥の関白秀次を死に追いやった。さらに、天下人としての威厳を内外に示すため、伏見指月《しげつ》に豪華絢爛な伏見城を建てていた。

ところが大地震の発生で、建てられたばかりの伏見城はあっけなく崩壊してしまう。イエズス会の宣教師であるジャン＝クラッセが著した『日本西教史』には、城が崩壊した様子が次のように述べられている。

「太閤《たいこう》殿下の宮殿（伏見城）は、大高楼ことごとく壊れ、彼の千畳座敷、ならびに城櫓《しろやぐら》二カ所が倒れた。（中略）僧侶も仏像も、共に瓦礫《がれき》の下敷きとなった」

伏見城の普請に際し、秀吉は奉行の前田玄以に「ふしみのふしんなまつ（鯰《なまず》）大事にて候」という書簡を送っている。これは「地震対策を怠るな」という意味で、地震を「鯰」になぞらえたのだが、ひと晩でもろくも崩れ去ってしまった。城内の長屋には全国から集められた美女たちが住んでいたが、この長屋も崩壊し、多くの美女が圧死したという。

ちなみに、このとき崩壊した伏見城は、これまで明確な遺構が発見されていなかったことから、存在を疑う声もあった。だが、最近になってマンション開発にともなう発掘調査が行われ、長さ約36メートルの石垣や、桐紋などが施された金箔瓦などが見つかっている。

地震が起きたとき、秀吉は裸で寝ていたが、愛児・秀頼を抱えて慌てて逃

再建された木幡山伏見城の模擬天守。伏見指月にあった秀吉時代の城からは、1kmほど離れた場所にある。
写真／フォトライブラリー

げた。伏見城は厨房施設を残して倒壊したため、このとっさの判断は正解だった。そしてしばらく庭で待機していると、細川忠興が駆けつけてくる。秀吉は帯を解き拡げた状態で、「与一郎（忠興）、早かったな」と声をかけたという（『細川家記』）。

続いて秀吉のもとに馳せ参じたのは、勇将として名高い加藤清正である。当時、清正は秀吉の怒りを買って謹慎していたが、地震が起きると居ても立ってもいられず、300人の足軽にテコを持たせて城に駆けつけた（『清正《きよまさ》高麗陣覚書《こうらいじんおぼえがき》』）。秀吉は清正の忠義を褒め称え、謹慎を解いただけでなく、豊臣姓を称することを許可した。このエピソードは「地震加藤」として、歌舞伎や落語の演目にもなっている。

一方、豊臣政権のナンバー2である徳川家康は、夜が明けてから秀吉のもとに駆けつけている。石田三成など、家康を疎ましく思う奉行たちの闇討ちを恐れていたからだ。ただし、秀吉も家康のことを恐れ、家康が見舞いに駆けつけると「見舞いの衆はここで追い返せとのご命令です。お供の衆は大勢無用」と、大勢の供回りを連れての城内入りを許さなかった。災害が起きると人間の本音が露わになるというが、慶長伏見地震はそれを象徴するような出来事であった。

## 慶長の役で豊臣政権に対する不満が高まる

そして慶長伏見地震は、この後の政局変動の引き金にもなった。当時の豊臣政権下の大名たちは、朝鮮出兵の影響で困窮し、疲れ果てていた。前年の秀次処分も相まって、豊臣政権に対する不満が高まっていた。

豊臣政権は徳川家康や前田利家といった大大名と、石田三成ら奉行衆の支えで成り立っていたが、秀吉という独裁者の存在でもっているような政権だった。そのため、秀吉のお膝元である伏見で起きた大地震は、豊臣政権の威厳に傷がつく出来事でもあった。

すでに60歳を過ぎていた秀吉は、自身の死後、幼い秀頼が豊臣家の当主として上手くやっていけるかどうか不安を感じていた。豊臣政権が盤石なものでなければ、秀頼に対して弓を引く者が現れるかもしれない。そこで敢行したのが、2度目の朝鮮出兵（慶長の役）である。

だがこの出兵が、豊臣政権に対する不満をさらに増大させる。大地震が起きたばかりで、どの大名も戦いどころではなかったからだ。これにより諸大名の心は秀吉から離れ、秀吉の義弟である浅野長政も「太閤（秀吉）は狐か狸でも取り憑いたとみえる」と嘆いたという。

そして大地震の発生は、家康の側近たちに「豊臣政権を倒せるかもしれない」というやる気が生じるきっかけにもなった。徳川の天下取りの過程を検証した『創業記考異』には、「（地震のせいで）人望は自然に神君（徳川家康）に帰した」とある。

家康の側近・米津《よねきつ》清《せい》右《え》衛門《もん》の妻は、夢の中で「盛りなる都の花は散り果てて、東の松ぞ世をば継ぎける」という和歌を見たという。これは「京都の豊臣政権が散って、関東の松平（徳川）が政権を引き継ぐ」という意味で、徳川の人々に天下取りの自信がみなぎってきたことを象徴する逸話でもある。

また、大地震で秀吉が建立した方広《ほうこう》寺の大仏も倒壊したが、秀頼の代になって再建された。ところが「国家安康君臣豊楽」という鐘銘に徳川幕府が難癖をつけ、大坂の陣が起きる契機となる。伏見慶長地震は、豊臣家滅亡につながる種がいろいろとまかれた出来事であった。

江戸時代の地震のニュースを知らせる瓦版。当時、地震は鯰が暴れたのが原因という迷信があった。「要石を背負う鯰」国立国会図書館所蔵

# 2章
# 知られざる武将たちのウラの顔

TABOO 08

友好関係を築いた光秀と元親

# 「本能寺の変」には黒幕がいた！長宗我部元親への疑惑とは

近年、本能寺の変の黒幕としてクローズアップされている四国の雄・長宗我部元親。その背景には、謀叛人・明智光秀との密接な結びつきがあった。

## 早くから信長に近づいた長宗我部《ちょうそかべ》元親

天正10年（1582）6月2日、織田信長が京都・本能寺で明智光秀の襲撃を受けて横死した「本能寺の変」は、その全貌がいまだに謎に包まれていることから、今なお多くの人々を魅了し続けている。

織田家の重臣だった光秀がなぜ信長を討ったのか？　その動機がわからな

いことから、「事件を計画した〝黒幕〟が存在し、光秀を操っていた」ともいわれている。その中でも近年有力な説として挙がっているのが、長宗我部元親の黒幕説である。元親は土佐の国人領主の家に生まれ、家督相続から15年がかりで土佐統一を成し遂げた。その後、伊予・阿波《あわ》・讃岐《さぬき》へと侵攻し、四国制圧は時間の問題となったが、そこに立ちはだかったのが信長である。

元親は土佐統一前から信長と誼《よしみ》を通じ、元親の嫡男は信長から一字を与えられて「信親」と名乗っている。四国征服に際しても、信長からは「四国は切り取り次第所領にしてよい」という朱印状が出され、横槍を入れられるようなことはなかった。

そして織田家中で元親との交渉を任されたのが、明智光秀である。光秀の家臣・斎藤利三《としみつ》の妹は元親に嫁いで嫡子・信親をもうけているが、その縁を利用して元親と友好な関係を築いた。

讃岐と阿波は、かつて畿内周辺を支配していた三好一族の支配下にあった。信長とは畿内の支配権をめぐって何度もやり合ったが、敗れて四国に逃れていたのだ。元親は信長との同盟を背景に、天正8年（1580）までに讃岐・阿波の大半を制した。すると三好一族は今まで敵対していた信長に泣きつき、援助を受けるようになる。こうして、今まで良好な間柄だった織田家と長宗我部の関係に次第に亀裂が生じていった。

ちなみに、三好一族が信長と友好関係を結べるよう尽力したのは羽柴秀吉であった。秀吉は毛利攻めに際し、三好家が抱える水軍を動員させたいと考えていた。そのため、秀吉の甥である治兵衛《じへえ》（のちの豊臣秀次）を三好康長の養子に送るなどして、密接に結びつくようになった。

天正9年（1581）6月、信長は元親の弟・香宗我部親泰《こうそかべちかやす》に「長宗我部家と三好家は互いに協力すべき」という旨の朱印状を与えたが、これは信長の四国政策が三好寄りになったことを示すものでもあった。信長は元親に「土佐と阿波南部の領有は認めるが、それ以外の土地は返還せよ」と命じるが、元親は「信長に指図される筋合いはない」とはねのける。こうして両家の仲は修復不可能な状況にまでこじれたが、このとき板挟みとなって苦しんだのが明智光秀だった。

## 光秀と元親の関係を裏付ける『石谷《いしがい》家文書』

平成26年（2014）、岡山県にある林原美術館で所蔵資料の再調査が行われたが、その際、まだ研究に着手していなかった『石谷家文書』の解読作業も行った。すると2通の書状から、光秀と元親が密接な関係を築いていたことが明らかになった。

天正10年（1582）1月11日付の書状では、光秀が元親に対して信長との関係を断絶しないよう呼びかけている。元親も信長との戦いに備える一方で、光秀を通じて信長との関係改善をはかっていたことがうかがえる。

だが光秀の奔走も実を結ばず、5月には信長の三男・信孝を大将とする四国方面軍が編成される。5月7日付の信長から信孝に宛てた書状には「讃岐は信孝、阿波は三好康長に与え、他の国は信長が淡路《あわじ》まで行ったときに決める」と記されており、すでに四国平定後の青写真まで描かれていた。

四国方面軍の編成で、元親は窮地に追い込まれる。それまで元親に味方していた三好一族の旧臣も元親を見限り、勢いに乗った三好康長は阿波の一宮城と夷山《えびすやま》城を収めた。これについては、長宗我部側が自ら撤退したという説もある。新たに解読された『石谷家文書』のもう1通は、そのような時期に元親が斎藤利三に宛てて書き送ったものである。

5月21日付の書状には、元親側から阿波の占領地を一部返還する旨が記されている。信長との関係はもはや修復できない状況にあったが、それでも何

長宗我部元親の像。

とか外交関係を維持しようとする元親の思惑が読み取れる。そして、この書状が送られてから10日ばかり後に本能寺の変が起こるのだが、長宗我部家との外交政策で面目を失ったことが、光秀が信長を襲う原動力になったともいわれている。

もちろん、『石谷家文書』の解読で「本能寺の変の黒幕＝長宗我部元親」と断定されたわけではない。面目を失っただけで謀叛を起こすのは、あまりにもリスクが大きいからだ。とはいえ、光秀の頭の中に「元親との関係改善」があったことは間違いない。

## 光秀はリストラの危機に怯えて決起した⁉

では光秀は、なぜ本能寺にいた信長を討ったのか？　四国問題との関連があるとすれば、「焦燥説」と「斎藤利三主導説」がある。

信長はその生涯において、たびたび家臣の謀叛に遭っている。なかでも荒木村重は、信長に取り立てられて摂津《せっつ》一国を与えられたにもかかわらず、叛旗をひるがえしている。挙兵理由は定かでないが、史料には「部下が本願寺に通じていた」「敵将の扱いに不備があって信長の心証を害した」と述べられている。対本願寺政策で過ちを犯したことで、謀叛せざるを得なくなったという説もある。

また信長は、林秀貞や佐久間信盛といった長年仕えた重臣を容赦なくリストラしている。村重のような〝新参者〟でも働きがよければ出世できる反面、不要と判断されると、重臣でも追放の憂き目に遭った。

光秀は美濃《みの》平定後に織田家の家臣となった新参者で、出世も早かった。だが対四国政策では、成果を挙げることができなかった。そのため、「自分も捨てられるのではないか」と不安を感じ、突発的に本能寺の変を起こした可能性がある。

そして四国問題を端に発し、元親の義兄にあたる斎藤利三が本能寺の変を主導したという「斎藤利三主導説」もある。この説は歴史作家の井沢元彦氏などが提唱している。利三が積極的に謀叛を促し、光秀に本能寺の変を起こさせた可能性があるというのだ。だがこの説も、確たる証拠があるわけではない。

このように、本能寺の変には諸説が入り乱れている。だが確かなのは、光秀が本能寺で信長を討ったことで四国方面軍が瓦解し、元親が危機を脱したということである。一方、光秀は本能寺の変から10日あまりで羽柴秀吉に討たれた。信長は倒したものの、その後の行動はあまりに杜撰だった。

その後、元親は再び勢力拡大をはかり、四国の三好一族をまたたく間に蹴散らした。そして天正12年（１５８４）には四国平定を成し遂げたが、半年後には秀吉の大軍が押し寄せ、元親は阿波・讃岐・伊予を没収されて土佐一国のみ安堵された。本能寺の変で〝四国の王者〟としての寿命を延ばすことはできたが、それもわずか数年のことであった。

TABOO 09

円滑に支配するための通り道

# 北陸の王・前田利家が行った一向一揆衆千人への釜茹で・磔刑

「加賀百万石」の礎を築いた前田利家は、支配を円滑するために一向宗門徒の殲滅を行う。円滑の支配のため、釜茹で、磔といった残虐な手段も辞さなかった。

## 「律義者」で「世渡り上手」だった利家

前田利家といえば「律義者」の印象があるが、実はかなりの世渡り上手だった。時代の波にうまく対応した結果、「加賀百万石」の礎を築いたのである。

例えば、織田信長が本能寺の変で斃《たお》れたあと、利家は勝家につくか秀吉につくかの選択を迫られた。勝家は利家が若い頃から「親父殿」と慕う存在で、同朋衆《どうほうしゅう》を斬り殺して織田家中を追放されたときも、勝家は何かと面倒を見てくれた。利家にとって勝家は、大事な〝恩人〟であった。
一方、秀吉は若い頃からの親友で、秀吉が浅野長勝の養女・おねと結婚したときには、妻のまつとともに仲介役を務めている。秀吉夫婦に子ができなかったことを気にかけ、利家は四女の豪を秀吉の養女とするなど、公私にわたる付き合いがあった
天正11年（1583）の賤ヶ岳《しずがたけ》の戦いでは、利家は勝家方として出陣する。ところが戦いに参加しないまま、戦場から撤退してしまった。これについては、「恩人と親友の間で苦悩していた」と美談として語られることが多い。だが実際は、戦いを傍観し、戦局が秀吉に傾いたから撤退しただけという可能性もある。
戦国の世に「裏切り」はつきものだが、利家はその場で秀吉方につかず撤退することで、「裏切った」という印象を弱めた。ひょっとしたら利家は事

前に秀吉と通じ、戦いになったら撤退する約束を交わしていたのかもしれない。そうであれば、利家という人物は相当したたかである。ただし、秀吉は利家の本質をしっかりと見抜いていたようで、賤ヶ岳の戦いのあと、越前《えちぜん》を治める丹羽長秀に「利家に決して心を許すな」という書状をしたためている。

そして秀吉が亡くなったあとも、利家は計算高く世渡り上手な一面を見せている。

秀吉は死の間際、まだ幼い秀頼の後事を利家に託した。秀吉が亡くなると、利家と同じ五大老の一員だった徳川家康が不穏な動きを見せるようになる。石田三成ら奉行衆はこうした家康の動きを危惧し、秀頼の傅役《もりやく》である利家が反家康の旗頭になってくれることを期待していた。

しかし、すでに60歳を過ぎた利家は病に倒れ、余命幾ばくもない状態となる。秀頼の傅役という立場を考えれば、息子たちに「儂が死んでも秀頼様をお守りせよ」と遺言を残すのが普通である。ところが利家は、あろうことか見舞いに来た政敵・家康に息子たちの後事を託している。利家は次の天下人が家康だということを直感的に察知し、息子のために媚を売ったのかもしれない。結果的には、この利家の〝根回し〟が功を奏し、前田家は「北陸の王」になることができたのである。

ちなみに、利家のサバイバル能力は子や孫たちにも受け継がれたようで、加賀藩2代藩主の前田利常（利家の四男）は、わざとバカ殿を装うことで幕府からの警戒の目をそらすことができた。このような振る舞いをしなければ、「加賀百万石」を維持することはできなかったのだ。

## 徹底的に殲滅《せんめつ》された越前一向一揆

このように、利家は必ずしも純粋な「律義者」ではなかった。そのため、ときには主君が命じた〝汚い仕事〟にも手を染めている。天正3年（1575）の越前一向一揆の殲滅も、そのひとつであった。

天正元年（1573）8月に朝倉氏が滅亡したあと、朝倉の旧臣である桂田長俊（前波《まえば》吉継から改名）が越前守護代に任じられた。ところが長俊は同じ朝倉家臣だった富田《とだ》長繁率いる一揆勢に襲われ、命を落とす。こうして越前は長繁の支配下に置かれたが、まもなく長繁と一揆勢は対立し、一揆勢は加賀から一向一揆の指導者を招いて自分たちの棟梁に据えた。そして一向一揆勢の攻撃で長繁は落命し、越前は「百姓の持ちたる国」となった。

越前を失った信長だが、当時は武田勝頼や長島一向一揆、石山本願寺など敵対勢力の動きが盛んで、すぐに討伐できるような状況ではなかった。だがその間に一揆勢は内部分裂を起こし、越前国内は混乱のるつぼと化す。一方、

金沢城公園にある前田利家像。
写真／フォトライブラリー

信長は長篠の戦いで武田勝頼を破り、越前一向一揆の征伐に本格着手した。

天正3年（1575）8月12日、信長は岐阜を発ち、14日には敦賀城に入った。翌日は風雨が強かったが、3万余りの織田軍は越前に向けて侵攻する。すでに一揆勢は内部分裂を起こしていたため、織田側につく者も少なくなかった。

織田軍は海上からも攻め寄せ、一揆勢が籠もる城が次々と陥落する。なかには降伏を請う者もいたが、信長は「根切り」にした長島一向一揆同様、一揆勢を許すことはなかった。こうして信長のもとには、討ち取った一揆勢の首が次々と送られてくる。朝倉氏の一族だった安居景健《あごかげたけ》も一向一揆の指導者たちの首を持参して帰参を願ったが許されず、自害させられた。

一揆勢との戦いは数日で決着したが、信長は追撃の手を緩めなかった。捕虜になった一揆勢も大勢いたが、そのほとんどが斬首に処せられている。さらに「山林を探し、居所がわかったら男女かまわず斬り捨てよ」と命じ、右往左往しながら山中を逃げ延びる一揆勢がことごとく討ち果たされた。

## 一揆勢に対して容赦しなかった利家

結局、織田軍は1万2250人以上の一揆勢を討ち取った。信長が書いた手紙には、「府中の町は死骸ばかりで隙間もないほどだ」と記されている。なかには奴隷として美濃《みの》や尾張《おわり》に送られた者もいたが、その数は3万〜4万人に及んだ。

討たれた一揆勢の数があまりに多かったため、織田軍は首を取る代わりに鼻を削いで「数のしるし」とした。信長が一揆勢をこれだけ大量殲滅させたのは、石山本願寺や他の一向一揆勢に対する脅しだったとも考えられる。

一揆勢の掃討には利家も参加し、山中などに潜む一揆勢千人余りを捕らえ、釜茹でや磔《はりつけ》の刑に処した。これは昭和7年（1932）、小丸城の跡地から出土した瓦から発覚した事実である。瓦には利家が磔や釜茹でで一揆勢を処刑したこと、また「後世の人に伝えるために一筆記しておく」とも刻まれており、「一向一揆文字瓦」や「呪いの瓦」と呼ばれている。

利家の一揆討伐はその後も続き、天正10年（1582）の棚木城《たなぎ》の戦いでも、捕虜を火あぶりか釜茹でで殺すよう命じている。このとき利家は、鉄砲の生産を中止してまで釜茹で用の釜を作らせたという。また本能寺の変のあと、混乱に乗じて石動山天平寺が叛旗をひるがえしたが、利家は伽藍《がらん》に火をつけ徹底的に破壊した。周辺勢力への見せしめのため、仁王門に千人以上の首を並べたという。

このように、利家は信長の意に従い一揆勢を徹底的に追討している。彼は信長に対して徹底的に「律儀」だったからこそ、心を鬼にして一揆勢を殲滅できたのかもしれない。律儀さとしたたかさを併せ持ち、それを場面によって上手く使いこなした利家は、まさに「戦国最強のナンバー2」と呼ぶにふさわしい存在だった。

TABOO 10

三河武士が激怒した知将の変節

# 家康の懐刀・石川数正が出奔！豊臣秀吉についたのはなぜか

草創期から徳川家康に仕え、「家康の懐刀」とまで呼ばれながら突如出奔した石川数正。彼が家康を離れ、秀吉方についた理由は今も明らかになっていない。

## 抜群の交渉能力で徳川家康を支える

三河武士は勇猛果敢で義理堅く、徳川家康の天下取りを支えた。その忠誠心の高さは筋金入りで、幼い家康が今川家の人質となったときも、貧しさに耐えながら家康の帰りをひたすら待ち続けた。

ところが「家康の懐刀」として活躍した石川数正は、突如徳川方を出奔して豊臣秀吉のもとに奔るという、三河武士らしからぬ事件を起こしている。これについてはさまざまな憶測があるが、出奔理由は明らかになっていない。

家康を裏切ったこともあってか、数正の評価はそれほど高くない。江戸中期の学者で幕政にも携わった新井白石《はくせき》は、『藩翰譜《はんかんふ》』で「累代の君に背き参らせ一生の功を空しくした」と手厳しく非難している。しかし、数正は草創期から家康を支え、特に外交面では抜群の働きを見せるなど、献身的に仕えていた。

石川家は古くから松平家に仕え、数正の祖父・清兼は家康誕生時に蟇目《ひきめ》の役（貴人の出産・病気の際に、邪気をはらうために蟇目を射る役）を務めている。家康が今川義元の人質として駿府《すんぷ》に送られると、数正も近侍として随行する。家康は10年以上も人質生活を過ごしたが、数正はその苦労を分かち合った数少ない〝同志〟であり、家康からの信任も厚かった。

永禄3年（1560）、今川義元が桶狭間《おけはざま》の戦いで敗死すると、家康は今川家から独立して一介の戦国大名となる。駿府には家康の妻子が残っていたが、数正は今川氏真と粘り強く交渉し、無事に取り戻すことができた。

大久保彦左衛門の『三河物語』には、「(馬上の) 伯耆守《ほうきのかみ》(数正) は大髭を風になびかせ、若君 (信康) を鞍の前に乗せ奉り、(中略) 通られるときの見事さ」と、数正が家康の妻子を連れて帰還する様子が描かれている。のちに信康が元服するとその後見人に任じられているが、これも家康の数正に対する信頼の表れであった。

また数正は、織田信長との同盟締結の交渉も任されている。織田・徳川の清洲同盟は永禄5年 (1562) に結ばれたが、本能寺の変で信長が死ぬまで、一度も破られなかった絆の深い同盟であった。

永禄6年 (1563) には徳川家中が真っ二つに分かれた三河一向一揆が勃発するが、父の康正が一揆側につくなか、数正は浄土宗に改宗して家康に味方している。戦いが終わると数正は家老に任じられ、西三河の兵を束ねるようになった。

## 各大名の「ナンバー2」を欲しがった秀吉

数正は外交や交渉で活躍する一方で、武将としても姉川、三方ヶ原、長篠など名立たる戦いに参加し、数々の武功を挙げている。

本多忠勝や井伊直政ほどの突出した武勇はないが、合戦ではつねに前線に立って兵に指示を与えた。ときには「指揮官が前線に立つのは危険」と言われたこともあるが、数正は「軍というのは不思議なもので、足軽が勝っているときに先を読まないと勝てないことが多い。一段の備えが敗れてから、二の備、三の備で盛り返すことは滅多にない。だから一の備の様子を見るため前線にいるのだ」と意に介さなかったという。

天正7年（1579）に信康が切腹すると、数正は岡崎城代となる。そして本能寺の変で信長が亡くなり羽柴秀吉が台頭すると、数正は秀吉との交渉を任される。しかし、秀吉との出会いが数正の運命を狂わせることになる。

賤ヶ岳《しずがたけ》の戦いのあと、家康は戦勝祝いと称して使者を送ったが、その任に選ばれたのが数正である。数正は家康から託された「初花」という茶壺を秀吉に献上した。江戸前期の史書『武家事紀』には、早い段階から秀吉が数正を誘っていたと記述されているが、少なくとも小牧・長久手の戦いが終わるまでは、この誘いに乗ることはなかった。

秀吉は数正に限らず、他家の「ナンバー2」に並々ならぬ興味を抱いていた。なかでも上杉家の直江兼続、毛利家の小早川隆景、龍造寺家の鍋島《なべしま》直茂を高く評しており、江戸中期の書物『葉隠《はがくれ》』には次のような秀吉の人物評が記されている。

「天下を取るには『大気』『勇気』『智恵』の3つが必要だ。直江兼続、小早川隆景、鍋島直茂の3人は、この3つのうち2つを持っている。直江には気概と勇気はあるが智恵はない。小早川には気概と智恵はあるが勇気はない。鍋島には勇気と智恵はあるが気概がない。ただし、大名の中に2つを持つ者は1人もいない」

秀吉は各大名の「ナンバー2」を厚遇し、ヘッドハンティングしようとしでは」と疑われてしまった。

結局、信雄が秀吉と和議を結んだことで、家康も秀吉と和議を結ばざるを得なくなる。このときも数正が交渉役を任され、家康の次男・於義丸《おぎまる》（のちの結城秀康）を秀吉の養子とすることで講和は成立した。だが戦いは徳川方が優勢だったため、数正は強硬派からの恨みを買い、徳川家中における孤立はますます深まった。

和議の締結後、秀吉は家康に上洛を要求する。もちろん強硬派は反対し、数正はさらに板挟みとなっていく。家康も数正の苦衷を察してはいたが、頑固で融通が利かない三河武士の中で、秀吉との交渉を任せられるのは数正しかいない。そのため、数正に負担をかけ続けるしかなかった。数正の出奔事件は、そのような状況下で起きた。

天正13年（1585）11月、数正は突如家康のもとから出奔し、秀吉方へと奔った。「秀吉の器量に惚れ込み、自ら投降した」「後見人を務めていた信康が切腹したことで、家康と不和になった」といった説もあるが、ハッキリとした理由はわかっていない。また山岡荘八の小説『徳川家康』では、「家康も同意したうえで秀吉の家臣となり、家康の外交を助けた」という設定になっているが、これを史実とみなすのは厳しいところである。

徳川家の内情を知り尽くした数正の出奔で、徳川家は大規模な軍制改革を余儀なくされる。それまで用いていた三河流の軍制をやめ、武田流に改めさせた。一方、秀吉の家臣となった数正は河内《かわち》に8万石の領地を与えられ、家康の関東移封後には信濃《しなの》国松本10万石に加増移封された。

数正の死後、家督は長男の康長が継いだが、慶長18年（1613）、大久保長安事件に連座して改易された。

TABOO 11

謎に満ちた男の生涯

# 外様から成り上がった大久保長安、伊達政宗と謀叛を画策していた

**鉱山開発、土木、検地などで非凡な才能を発揮した大久保長安。その死後、巨額の不正蓄財が発覚したが、彼は巨額の富を利用して何を企んでいたのだろうか?**

## 新たな精錬法を導入して金銀の産出量を増やす

慶長8年(1603)、徳川家康は征夷大将軍に任じられ、江戸に幕府を開いた。だが大坂には豊臣秀頼が君臨しており、加藤清正や福島正則といった豊臣恩顧の大名たちにも警戒しなければならない。そのため、他の大名家をはるかにしのぐ「財力」を手に入れる必要があった。そこで家康が目につ

け、直轄下に置いたのが、佐渡金山や石見《いわみ》大森銀山などの鉱山だった。

金山・銀山からの産出量を増やすため、鉱山奉行に抜擢されたのが大久保長安である。天文《てんぶん》14年（1545）、長安は猿楽師の次男として生まれ、若い頃は武田信玄に仕えた。その才覚を見出されて蔵前衆（代官）に取り立てられ、武田領内にあった黒川金山などの開発に携わった。

武田氏の滅亡後は家康に仕え、大久保忠隣《ただちか》の与力になったのを機に大久保姓を称した。天正18年（1590）、家康が関東に転封されると、長安は八王子に陣屋を置いてさまざまな行政に携わった。八王子は甲斐《かい》と江戸を結ぶ交通の要所で、豊臣秀吉に滅ぼされた北条氏の残党にも気をつけなければならない。そこで「八王子千人同心」という警察組織をつくり、治安維持や国境警備にあたらせた。

徳川家中で実績を積み重ねた長安は、関ヶ原の戦いが終わると鉱山奉行に任じられる。鉱山開発にあたり、長安は鉱山の採鉱や精錬の技術を大幅に変えた。新たに甲州流の採鉱法を取り入れ、横穴を掘り進める「坑道掘り」や、た。その結果、小早川隆景や鍋島直茂、立花宗茂（大友家家臣）などは大名に取り立てられたが、直江兼続や片倉景綱（伊達家家臣）などは陪臣としての立場を貫いている。石川数正がどのような条件で秀吉から誘われたかは定かでないが、おそらく相当な好条件でスカウトされたものと見られる。

## 秀吉と家康の板挟みで苦しんだ数正

秀吉との対立が鮮明になると、血気盛んな三河武士たちは「秀吉討つべし」と強硬論を唱えるようになる。だが秀吉と顔を合わせたことがある数正は、その実力をよく知っていた。そのため、秀吉軍との正面衝突だけは避けようとした。

そんな中で、家康は信長の次男・信雄の誘いを受けて反秀吉の兵を挙げ、小牧・長久手の戦いが勃発する。秀吉が楽田から出撃したあと、強硬派の酒井忠次らは秀吉不在の敵陣を攻撃することを主張するが、数正はこれに反対する。だがこの一件で「数正は秀吉と通じていたから出撃に反対していたの水銀を利用した最新の精錬法「水銀流し」などを導入した。これにより金銀の産出量は飛躍的に増えた。

また、長安は旧来の慣習にとらわれない性分の持ち主で、鉱山開発でもそれまでタブーとされてきた女性作業員を採用し、採掘作業に従事させている。この柔軟なものの考え方が、彼が異例の出世を遂げる原動力となった。

## 大名家と縁戚関係を結び巨万の富を蓄える

慶長8年（1603）2月、鉱山開発の功が認められ、長安は従五位下《じゅごいのげ》石見守に叙任された。その後、年寄（のちの老中）に任じられ、家康の六男・忠輝の付家老にもなったが、完全な外様から老中クラスに上り詰めたのは、後にも先にも長安だけである。

長安がこのような出世ができたのは、その才覚だけでなく、豊かな人脈を構築する力も関係している。長安の妻は本願寺の顕如《けんにょ》に仕えた池田頼龍の四女で、長安には戦国時代に強大な勢力を誇った本願寺との結びつきがあった。

また長安には七男二女がいたが、息子たちを池田輝政（播磨《はりま》姫路城主）や石川康長（信濃《しなの》松本城主）の娘など、大名や幕府有力者の娘と結婚させた。ちなみに娘の1人は、伊賀衆の棟梁・服部半蔵の次男に嫁いでいる。

そして忠輝には、伊達政宗の長女・五郎八姫《いろはひめ》との縁談を成立させた。長安は新たに忠輝の岳父となった政宗とも親密な関係を築き、その庇護を受けるようになる。長安は政治的なイデオロギーにとらわれていなかったことから、外様・譜代関係なく交流し、忍びの世界にまでネットワークを張りめぐらせていったのである。

慶長11年（1606）には伊豆奉行に任じられ、職務の範囲がさらに拡大する。奉行の彦坂元正が罷免させられたことで全国の交通網の整備にも携わり、東海道や中山道における伝馬制の導入、街道筋での一里塚の設置などを行った。

このように長安はマルチな活躍を遂げたため、次第にさまざまな奉行職を兼ねるようになる。加えて大名や幕府有力者がバックボーンについたことで、長安は強大な権限を有するようになった。

　長安は自身の権勢を強大にさせる一方で、派手な生活を謳歌していた。元々女好きで派手好きな性分だったが、鉱山奉行になると、豪奢な暮らしに拍車がかかっていく。生前から「自分の遺体を黄金の棺に入れて見送ってほしい」と遺言していたという。

　一奉行にすぎない長安が贅沢に過ごせたのは、鉱山から発掘された金銀の取り分を自由に調整できたからだ。自分の分け前を増やすことで、長安には巨額の富が入るようになった。当時は鉱山から莫大な量の金銀が産出されたことから黙認されていたが、将軍家が長安に対して疑いの眼差しを向けるき

八王子千人同心屋敷跡記念碑。
写真／フォトライブラリー

っかけにはなった。

また無類の女好きだった長安は、つねに70～80人の美女を側女として抱えていたという。彼女たちを引きつれて好き勝手に振るまったことが、幕臣としてふさわしくないと思われた可能性がある。

『慶長年録』には、家来だけでなく美女20人、猿楽衆30人を率いて、派手に打ち囃しながら代官所に入っていたと記されている。また『当代記』には、佐渡や石見などの鉱山に向かう際は、上臈《じょうろう》女房70～80人を含む250人前後が長安に同行したとある。長安のなかに受け継がれている芸能者の血が騒ぎ、このような豪胆な振る舞いに興じていたのかもしれない。

## 伊達政宗と組んで謀叛を起こす計画があった!?

晩年の長安は家康の隠居地である駿府《すんぷ》に住み、その都市改造に貢献する。

また長安の主君筋にあたる大久保忠隣は、家康から寵愛される本多正信・正純父子と幕政の主導権をめぐる争いを展開していたが、権力闘争を少しでも優位に進めるため、長安の財力をたびたび利用していた。そして慶長17年（1612）の岡本大八事件で本多父子の立場が危うくなると、長安の権勢は最高潮に達した。

しかし、絶頂の時期も長くは続かなかった。慶長18年（1613）4月、長安は病でこの世を去った。すると岡本大八事件で失墜していた本多父子が巻き返しをはかるべく、行動に出る。長安の陣屋を調べると多数の金銀が見つかり、本多父子はこれを不正蓄財と断定する。溜め込んだ財産はすべて没収され、7人の息子たちはすべて処刑された。さらに長安の遺体が掘り起こされ、安倍川の河原で磔に処された。

長年にわたり長安を庇護してきた大久保忠隣も失脚し、本多父子は幕府内における権勢を取り戻した。この不正蓄財は本多父子がでっち上げたともいわれているが、それにしてもなぜ一族誅殺《ちゅうさつ》という過酷な処分に至ったのか。その背景には、「長安は伊達政宗と手を組み、謀叛を企んでいた」「ひそかに甲斐武田氏の再興を企んでいた」といった噂がある。

これらの不穏な噂も、本多父子によって流された可能性が高い。だが長安には謀叛で天下をひっくり返せる財力があり、コネクションがあった。そのため、このような処分に至ったのかもしれない。

ちなみに、元禄年間に来日したドイツ人のケンペルが著した『日本誌』には、長安が企んだという「幕府転覆計画」が紹介されている。

慶長16年（1611）、オランダ人が喜望峰でポルトガル人を捕らえた際、長崎のカピタン・モロという人物がスペイン国王に宛てて送った密書が見つかった。そこには軍隊と軍船の派遣を依頼する旨が記されているとともに、松平忠輝を総大将として幕府転覆をはかろうとする大名たちの連判状もあった。そしてこの連判状の作成を誘導したのが、忠輝の付家老だった長安だったと、『日本誌』には記されている。

この説を裏付ける史実的根拠はなく、おそらく虚報とされている。だが裏を返せば、このような説が導かれても仕方ないほど、長安が〝暗躍〟していたことがうかがえる。

TABOO 12

西軍総大将の野心と誤算

# 天下分け目の関ヶ原最大の謎
# 総大将・毛利輝元の姿なし！

**天下分け目の関ヶ原の戦いで、西軍の総大将となった毛利輝元。彼が豊臣秀頼を奉じて出陣し、戦場に現れていたら、その後の歴史は大きく変わっていたかもしれない。**

## 深い絆で結ばれていた石田三成と毛利輝元

関ヶ原の戦いというと、東軍の徳川家康と西軍の石田三成がぶつかったという印象が強いが、西軍の総大将を務めたのは毛利輝元で、三成は単なる参謀にすぎなかった。もちろん、家康と戦うことをもっとも強く望んでいたのは三成だったが、彼が輝元を総大将に据えたのは、輝元が五大老の1人で、

120万5000石の大大名だったからだ。

石田三成は豊臣秀吉のブレーンとして活躍し、秀吉死後は豊臣体制護持の急先鋒となった人物だが、大名としての石高は近江《おうみ》国佐和山19万4000石しかなかった。256万石の徳川家康とは比べものにならず、これでは三成が反家康の兵を挙げても、誰も味方につかないおそれがある。そこで、輝元に白羽の矢を立てたのである。

三成と輝元の関係は、秀吉の生前から密接だった。例えば文禄4年（1595）には、輝元に対してある秘蔵品を秀吉に贈るよう進言している。この頃、秀吉は北政所《きたのまんどころ》の甥にあたる木下秀俊（のちの小早川秀秋）を輝元の養子とし、毛利家を継がせることを考えていた。

しかし、輝元にとって養子を迎えるのは本意ではなかったため、秀吉と輝元の間にはさざ波が立っていた。最終的には小早川隆景（輝元の叔父）が秀俊を自身の養子とすることで騒動は収束するが、三成は秀吉と輝元の間に亀裂が生じないよう、裏でいろいろと気を配っていた。

また、三成が佐和山退隠を余儀なくされた際、輝元は家臣宛てに「三成は非常に挫けたようだ。三成の（安国寺）恵瓊《えけい》への書状を読んで、（私は）涙を流した」（『厚狭《あさ》毛利家文書』）という内容の書状を送っている。三成と輝元の信頼関係は、想像以上に強固だったようだ。

## 「天下取りの野心」から西軍総大将に

慶長5年（1600）7月12日、三奉行（前田玄以・増田《ました》長盛・長束《なつか》正家）の連名で、西軍総大将への就任が要請される。これを輝元は一門や重臣に相談することなく、すぐに受諾した。

このとき輝元を説得したのは、毛利家の外交僧として活躍した安国寺恵瓊である。かつて信長家臣時代の秀吉を見て、「この方はいずれ天下人となる」と予見した男は西軍の勝利を確信する。そして輝元に対し、「天下取りの野心」を次のように吹き込んだ。

「座して奸佞《かんねい》家康の各個撃破を待ち、その槍玉にあげられるよりは、奉行の石田三成を利用して一戦し、天下を掌中に入れるべきです」

弁舌に長けた恵瓊の説得を受け、輝元は「天下取り」に向けて邁進するようになった。

一方、「毛利両川《りょうせん》」の一翼を担う吉川広家は、輝元の総大将就任に消極的だった。広家は、輝元の器量が家康に遠く及ばないことを察知しており、戦いになれば毛利家に勝ち目がないと読んでいた。そこで先代の元就が遺した「我が子孫においては、天下を嘱望するべからず」という遺訓を利用し、天下取りの野心を抑えようとした。

「たとえ運良く輝元公が天下を手中に収めても、権力はすべて石田三成たち奉行衆に握られてしまいます。家康が天下を掌握してこれに従属するよりも、外聞・実儀ともに心遣いが多いでしょう。敗北すればもとより、元就公が築いてこられた業績と領国を一瞬にしてふいにしてしまいます」

広家は輝元に総大将就任を思いとどまるよう説得するが、輝元はそれを聞き入れない。14日には広島を発ち、16日には大坂の毛利屋敷に到着、そして翌日には大坂城西の丸に入って豊臣秀頼・淀殿母子に拝謁した。毛利家は思い立ってから行動するまで時間がかかる傾向にあるが、このときばかりは行動が早かった。

この日、家康の非を13カ条にわたって列挙して弾劾した「内府違ひの条々」が、三奉行の連名で発せられた。これが西軍を結集させる大義名分となり、会津攻めのために上京してきた西国大名を引き留め、仲間に引き入れた。だが吉川広家や鍋島《なべしま》直茂が家康に内通するなど、必ずしも一枚岩ではなかった。

そこで家康の留守居役・鳥居元忠が

毛利輝元の像。写真／フォトライブラリー

毒レベル ☠☠☠☠☠

**モウドクフキヤガエル**

世界で最も美しいカエルといわれているが、1匹で大人10人を殺せるほどの強い毒性が背中の皮膚にある。決して素手で触ってはいけない。毒が体内に入ると筋肉を収縮させ、心臓発作・呼吸困難を引き起こし死に至る。

# 世界の美しい猛毒&有毒生物

ISBN:4397-3 今泉忠明 監修 本体890円 7月27日発売

## 美しくて恐ろしい危険生物126

見た目の美しさに騙されてはいけない! デスストーカーの異名を持つサソリ、群生の上を泳ぐだけで入院を余儀なくされるイソギンチャク……世界中の毒を持つ生物を集めたポケット図鑑。

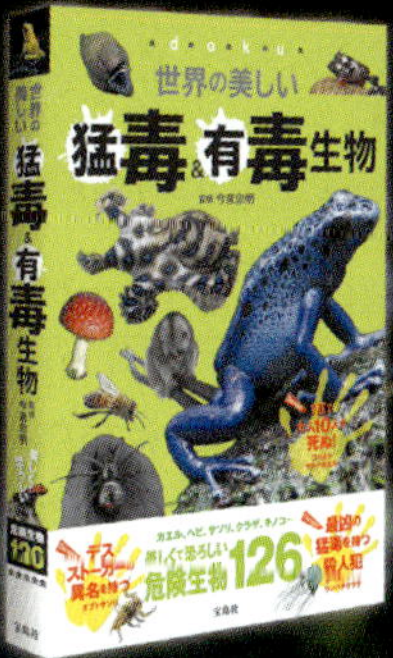

宝島
SUGOI文庫

## 宇宙の果てに何がある?

### ●思わず誰かに話したくなる宇宙雑学

宇宙は何でできている? ブラックホールはどうやって発見された? 宇宙に関するさまざまな疑問にQ&A方式でやさしく答える。

**宇宙開発の技術から日用品が生まれる?**

**テンピュール枕**

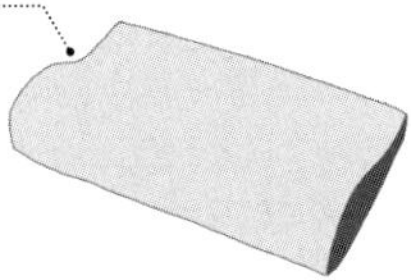

1970年代、ロケットの離発着時にかかる強烈な衝撃から宇宙飛行士を守るため、NASAが開発。その素材が1990年代に大規模生産できるようになり、枕やマットレスなどの製品化が進んだ。

ISBN：4307-2　荒船良孝 著　本体630円　7月4日発売

## 「その後」の日本史

### ●名家・名門・歴史的著名人の行く末

歴史的な著名人は、大きなできごとの後、どのような人生を送ったのか? 偉人たちの最期とは? 教科書には載らない驚きの事実が満載!

**剣豪・宮本武蔵は芸術家に転身?**

余生は『五輪書』など武芸書の執筆に精を出す一方、書画や水墨画、彫刻などをたしなむようになり、芸術的才能を発揮。徳川家光に、剣技披露の代わりに絵を上納したという話も残る。

ISBN：4330-0　八幡和郎 監修　本体550円　7月18日発売

# Happy! Baking

## とびきりかわいくておしゃれなお菓子

インスタグラムで大人気、ハワイ・マウイ島在住のフードスタイリストが手がけるかわいすぎるお菓子のレシピを、素敵な写真と共にお届け。見て、食べてハッピーになれる一冊。

ISBN：4286-0　mamiaoyagi 著　本体1300円　7月17日発売

## ココナッツミルクとフルーツのアイスポップ

FRESH FRUIT AND COCONUT MILK ICE POPS

### 材料（5×9cmのアイスキャンディ型6 ～8本分）

- 好みのフルーツ（キウイ、アプリコット〈生〉、グアバ、いちご、ブルーベリー、ラズベリー、ブラックベリーなど）適量
- ココナッツミルク　420ml
- アガベシロップ　60ml
  ※はちみつで代用可。はちみつを使う場合は、糖度の違いによるが90g が適量
- ココナッツファイン　少々

### 作り方

1. キウイやアプリコットなど、大きめのフルーツをスライスする。ベリー類は洗う。
2. ボウルにココナッツミルクとアガベシロップを合わせ入れ、泡立て器などでよく混ぜる。
3. 彩りとバランスを考えながらフルーツを型に入れていく。
4. 2を3へゆっくりと流し入れ、ココナッツファインをパラパラとかける。ふたをし、スティックを差してしっかりと固まるまで冷凍する。

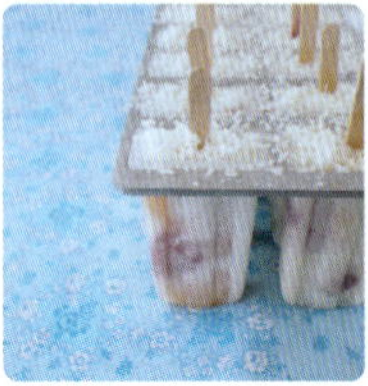

### TIP

固まったら、型をさっと水につけるとアイスポップが取り出しやすいです。
取り出したアイスポップをすぐに保存容器、または冷凍用のジップつきバッグに並べ入れて冷凍しておくと、くっつかずに保存できます。

籠もる伏見城を攻めることで、西軍の結束を固めようとする。こうして関ヶ原の前哨戦となる伏見城の戦いが始まったが、元忠は少ない兵で奮戦し、戦いを長引かせた。最終的には城の甲賀衆を内応させて城を落とした。しかし、数日で終わるはずの攻城戦が10日以上もかかってしまい、西軍はいきなり出鼻をくじかれる格好となった。

## 関ヶ原の敗戦後に大坂城を退去

伏見城の陥落後、宇喜多秀家を総大将とする伊勢平定軍が編成され、その中に吉川広家、安国寺恵瓊、毛利秀元といった毛利勢も加わった。さらに毛利家は、東軍についた四国の大名を討つため、能島《のしま》・因島《いんのしま》村上水軍や宍戸《しし ど》氏を派遣させた。そして北九州では、かつて豊後《ぶんご》を治めていた大友義統《よしむね》に軍船と兵を提供し、義統は旧領を奪回すべく豊後に攻め込んだ。このように、輝元は西軍の総大将として精力的に活動していた。

しかし、戦いは輝元や三成の思惑どおりには進まなかった。当初は西軍の軍勢を尾張《おわり》・三河の国境まで進めようとしたが、伏見や伊勢で足止めされ、その間に東軍の主力が美濃《みの》まで進んだ。佐竹義宣《よしのぶ》や上杉景勝など、東北・関東の大名が東軍に攻撃を仕掛けなかったのも、三成にとっては誤算だった。

この苦境を打開するため、三成が思いついたのが豊臣秀頼と毛利輝元の出陣であった。秀頼が出馬することで、福島正則ら豊臣恩顧の東軍武将が心変わりすることを期待したのだ。三成が増田長盛に宛てて送った9月12日付の書状によると、三成は関ヶ原の北西に位置する松尾山に輝元を迎え入れようとしていた。だが輝元は、最後まで出陣することはなかった。

輝元が大坂城を離れなかった理由については諸説あるが、秀頼の生母・淀殿の反対が大きかったとされている。また、輝元自身は出馬の意志があったが、増田長盛が内通しているという噂があり、動くに動けなかったともいわれている。しかし、仮にも総大将なのだから、少しぐらいの噂や反対意見は無視していいはず。だがそれができなかったのは、輝元に最終局面で決断する力が足りなかったからなのかもしれない。

結局、西軍は総大将不在のまま戦うことを余儀なくされる。輝元が入るはずだった松尾山には小早川秀秋が入ったが、彼の裏切りが東軍に勝利をもたらしたことは周知の通りである。一方、西軍総大将の就任に反対していた吉川広家は東軍に内通し、合戦当日は南宮山にいた毛利の大軍を足止めし、戦闘に参加させなかった。すべては毛利家を守るための行為だったが、戦後下されたのは防長2カ国への大減封であった。とはいえ、輝元が西軍の総大将だったことを考えれば、これはむしろ運がよかったといえる。

関ヶ原の戦いから数日後、輝元は大坂城を退去して広島へ戻った。しかし、関ヶ原で敗れたとはいえ、西軍にはまだ5万余の兵力があった。また立花宗《むね》茂《しげ》など、一騎当千の勇将も健在だったため、彼らが結集して難攻不落の大坂城に立て籠もれば、戦局はどうなるかわからなかった。だが輝元には、すでに戦いを継続させようとする意志はなかった。合戦の翌月には剃髪して隠居し、家康に対して全面恭順の姿勢を示したのである。

TABOO 13

武勇に優れた大将の不運

# 過小評価されすぎている!? 武田信玄の子・勝頼の生涯

武田信玄の子・勝頼は長篠の戦いに敗れ、また武田家滅亡の当事者ということで、その評価は著しく低い。だが戦史研究により、その評価が見直されている。

## 『甲陽《こうよう》軍鑑』で確立された勝頼のイメージ

武田勝頼といえば、長篠の戦いで織田信長に敗れ、最終的に武田家を滅ぼしたというイメージが定着している。父の武田信玄が神格・英雄化された一方で、勝頼の評価は論者によって大きく分かれる。

徳川家康は武田信玄を尊敬していたが、その影響で、江戸時代は信玄を高く評価する傾向にあった。一方、勝頼は信玄と対比され、「暗愚の将」というレッテルを貼られる。この散々な勝頼評の起点とされているのが、武田家の戦略・戦術を記した学術書『甲陽軍鑑』の記述である。

『甲陽軍鑑』は、武田家重臣の春日虎綱（高坂昌信）の口述をもとに、武田家遺臣の加筆・修正を加えて成立している。同書では、国を滅ぼす大将のタイプを「馬鹿たる大将」「利根過ぎたる大将」「臆病なる大将」「強過ぎたる大将」の4種に分類しているが、勝頼は「強過ぎたる大将」の代表的人物として語られている。

『甲陽軍鑑』では「強過ぎたる大将」の特徴を次のように述べている。

「心強く、機転が利き、弁舌明らかで知恵があり、一見して理想的な主君に見える。しかし、心強いがゆえに弱気を嫌い、慎重な家臣を遠ざけがちになる。一方で、主君の意に迎合するため、強気な発言をする者が増えてくる。そのうち主君に意見が通らなくなり、しっかりとした意見を述べる家臣も少なくなっていく」

また『甲陽軍鑑』では、「『強過ぎたる大将』の下では、剛毅であることが求められる」とも記されている。剛毅さが求められるため、家臣たちも戦場では強気一辺倒になり、戦場で駆け引きをしなくなる。こうして勇敢な者から死んでいき、軍全体の力が衰え、やがては国の滅亡に至るとしている。

武田家も「強過ぎたる大将」である勝頼のもとで滅亡したが、この『甲陽軍鑑』の描写が拡大解釈され、勝頼は否定的に評価されるようになった。その一方で、明治期には徳富蘇峰や山路愛山が勝頼を再評価し、また戦後には、上野晴朗《はるお》などが勝頼の事跡を改めて検討するなど、勝頼の人物像が見直されつつある。

## 長篠の戦いまでは快進撃を続けた勝頼

『甲陽軍鑑』では、勝頼は「強過ぎたる大将」と評されているが、織田信長や上杉謙信は勝頼を「武勇に優れた大将」と評価している。

信長は書状に「勝頼は信玄の掟を守り、表裏を心得た恐るべき敵である」

と述べており、謙信も「勝頼は片手間であしらえるような相手ではない。信長は畿内における作戦を中断して立ち向かわなければ、由々しき事態を招くだろう」と信長に忠告している。また『三河物語』には、信長が勝頼の首級と対面したとき、「日本にかくれなき弓取なれ共、運がつきさせ給ひて、かくならせ給ふ物かな」と述べたエピソードが記されている。勝頼が武勇に秀でた武将だったことは、まぎれもない事実だったようだ。

勝頼は長篠の戦いに敗れて勢力を失墜させたが、それまでは信長や謙信を驚かせるほどの快進撃を遂げている。

元亀《げんき》4年（1573）、父・信玄が西上作戦の途中で病死し、勝頼が家督を相続する。信玄の死で最大の窮地を脱した信長は、15代将軍足利義昭を京から追放し、さらに浅井《あざい》・朝倉を滅ぼすなど攻勢に転じた。信玄の死後、勝頼は沈黙を守っていたが、信長と徳川家康が武田領の国境沿いの城を脅かすようになると、反撃に転じるようになった。

武田家の東美濃《みの》における拠点である岩村城も、織田方の包囲を受けて苦しんでいた。そこで天正2年（1574）2月、岩村城の周辺にある16の城を一気に攻め落とし、信長の本拠である岐阜城を攻略するための前線基地とした。

さらに、6月には徳川領の遠江《とおとうみ》に侵攻し、父・信玄ですら攻略できなかった要衝・高天神城を攻略する。東遠江一帯を制すると、9月には天竜川を挟んで家康と対陣し、浜松城まで迫って城下町に火を放った。こうしてわずか1年足らずで、勝頼は織田・徳川領に深く食い込むようになった。この時期が、勝頼の武将としての絶頂期だったといえる。

続く天正3年（1575）4月、勝頼は徳川方に寝返った奥平氏を討つべく、東三河に兵を進める。そして奥平貞昌が籠もる長篠城を包囲するが、城はなかなか落ちなかった。その間に織田・徳川の連合軍が援軍として駆けつ

武田勝頼の像。
写真／フォトライブラリー

け、両軍は設楽原《したらがはら》で対峙した。

織田・徳川の連合軍が3万8000だったのに対し、武田軍は1万5000と明らかに分が悪く、信玄以来の老臣たちは撤退を進言する。だが勝頼は決戦を主張し、反対を押し切って決戦に挑む。その結果、武田軍は壊滅的な敗北を喫し、馬場信春や山県昌景《やまがたまさかげ》、内藤昌豊といった有能な武将が次々と討死した。

## 外交政策の失敗が武田家滅亡の遠因に

長篠の戦いで敗北したのを機に、武田家は滅亡への道を歩んでいったわけだが、なぜ勝頼は2倍以上の兵力を擁する織田・徳川連合軍に決戦を挑んだのか？　決戦の地となった設楽原はなだらかな土地で、決戦になれば分が悪いのは明らかだった。それでも勝頼が戦いを仕掛けたのは、決戦に勝利すれば、武田家当主としての求心力を得ることができたからだ。

勝頼は、信玄以来の老臣との折り合いが悪いふしがあったが、これは彼の出自のせいでもあった。勝頼の母は信濃《しなの》国諏訪《すわ》の領主だった諏訪頼重の娘で、信玄が諏訪家を滅ぼした際、側室に迎えた女性である。敵将の娘だったこともあり、側室にする際には反対の声もあったという。

元服後は諏訪家の名跡を継いで「諏訪四郎勝頼」と名乗り、諏訪家の旧臣が家臣につけられた。そのため、老臣たちからは「信玄の子」というより「諏訪家の人」として見られていた。その後、信玄の長男・義信が父と対立して亡くなったことから、勝頼が信玄の後継者として浮上する。だが長らく諏訪姓を名乗っていたため、老臣や一門衆との間にしこりが残った。このハンデを解消するため、勝頼は躍起になって戦ったのである。

長篠の戦いについては「鉄砲の三段撃ちは後世の創作だった」などの説があるが、武田軍が大敗北を喫したのは確かである。領内には動揺が広がり、美濃の岩村城や遠江の二俣城などが奪われた。それでも越後《えちご》の一部や東上野《こうずけ》、北武蔵の一部などを奪い取るなど、勝頼は領土を拡張して巻き返しをはかっていた。

外交政策では北の上杉、東の北条と友好関係を築いていたが、急死した謙信の後継をめぐる内紛（御館《おたて》の乱）に肩入れした際に北条氏政と敵対し、勝頼は西の織田、南の徳川、東の北条と三方に敵を抱えるようになる。この外交面での失策が、武田家存亡の危機を招いたのである。

勝頼は武勇に秀でていたが、三方から攻められてはどうすることもできなかった。戦いに次ぐ戦いで軍事費が増大し、家臣も領民も疲弊していった。勝頼は甲斐での決戦に備えて新府城を築いたが、城の建造が武田家の財政をさらに逼迫させ、人心の離反を招いた。そして天正10年（1582）、織田・徳川・北条の連合軍が武田領に侵攻し、勝頼は天目山で自害して果てた。

こうして武田家は滅亡したが、勝頼個人の資質のせいで滅びたと断言するのは早計である。武将としては優秀だったが、織田信長という強大な敵が現れたことで計算が狂い、悲劇的な結末を迎えてしまったのである。

TABOO 14

合戦に明け暮れた生涯

# 家臣の手討ちに人身売買も！「義将」上杉謙信の隠れた素顔

**上杉謙信といえば「義将」のイメージが強いが、一方で部下をすぐ手討ちにしたり、人身売買や略奪で戦争ビジネスを成立させるなど、ダークな一面もあった。**

## 義理堅く、戦いに強かった「越後《えちご》の龍」

数ある戦国大名の中でも、圧倒的な人気を誇っているのが「越後の龍」上杉謙信である。戦国最強の大名と謳《うた》われた謙信は、正義の旗を掲げて乱世を駆けめぐった。また「生涯妻を娶《めと》らなかった」など、ストイックで風変わりなエピソードも多く、それが人々を魅了している。『北越軍談』には、謙信について次のように記されている。

「謙信公は若くして兵略に通ず。攻めれば取り、戦えば勝つ。向かうところ敵なし。希世の英雄というべきなり」

謙信の武勇は誰もが認めるところで、ライバルの武田信玄も「武勇日本一」（『甲陽軍鑑』）と最大級の評価をしている。信玄と謙信は川中島で五たび激突しているが、戦いを通じて互いを知り、認め合ったのかもしれない。もう1人のライバルである北条氏康も、「武田信玄と織田信長は性格に裏表があり、頼むに足りぬ。だが謙信は、請け負えば義理を通す。若い大将の手本にさせたい」と、息子の氏政や氏照に語ったという。

謙信は義に厚く、戦いに強いという印象があるが、実は内政面でも卓越した手腕を発揮している。麻糸の原料である青苧《あおそ》を栽培し、日本海を通じて全国に広めて財源とした。さらに柏崎と直江津にはたくさんの船が往来し、入港税だけでも年間10億円以上の収入があったという。謙信の居城である春日山城には約27億円の遺産があったといわれている。

上杉氏研究で知られる花ヶ前盛明氏の「上杉謙信七十回の功績」によると、謙信の合戦における戦績は43勝2敗25分け、95・6％という驚異的な勝率を誇る。謙信は毎年のように軍事遠征を行ったが、交易などで稼いだ財力がそれを可能にしたのである。

ちなみに、謙信といえば信玄に塩を送って苦境を救った逸話があるが、これは義心から塩を送ったわけではない。武田領内で塩の価格が高騰したことを聞きつけた上杉領の商人たちが、武田領に入って塩を売りつけたというのが実情だったようだ。

## 上杉謙信は2割が「大悪人」だった!?

「軍神」と呼ばれた戦いぶりで、義理に厚く、財力も豊かだった謙信だが、天下に覇を唱えることはなかった。これは謙信に領土的な野心がなかったからといわれているが、果たしてそれだけだろうか？　領国の越後では国人がたびたび反乱を起こし、家臣同士の揉めごとも絶えなかった。謙信は、必ずしも〝完全無欠な男〟だったわけではないのだ。謙信が完全無欠な男でないことを端的に表しているのが、関東の戦国武将・太田資正の謙信評である。

「謙信公の人となりを見るに、十にして八つは大賢人、二つは大悪人です。怒りに乗じて為すことは僻事ばかりで、これが（謙信の）悪いところです。一方、勇猛で無欲、清浄で器量大、廉直にして隠すところもなく、よく察して慈恵の心で下を育て、忠言・諫言を受け入れるところが、（謙信の）良いところです」

要するに8割方は良いのだが、2割は大悪というのが資正の評価だった。では、謙信の〝大悪〟な部分とは何だったのか？　そのひとつに「行き過ぎた権威欲」がある。戦国大名は形式より実質を重んじる傾向にあったが、謙信は天皇や将軍といった旧体制を信奉していた。関東管領の上杉憲政が越後に逃れてくると、管領職を継いでたびたび関東へ出兵するようになった。

謙信は「関東管領として関東に平和をもたらす」という大義名分を掲げて出陣したが、10万以上の大軍で北条方の本拠である小田原城を包囲しても、攻め落とすことはできなかった。謙信は関東管領の肩書きを利用して14回も関東遠征を行っているが、いずれも決定的な打撃を与えるまでには至らなかった。雪深い越後から関東を平定するのは、土台無理な話だったのだ。

もし関東に固執せず、早い段階で上洛を目指していたら、天下の情勢はもっと変わっていたはずだ。しかし、「関東管領」という古びた権威にこだわったことで、謙信は越後の国主のまま生涯を閉じたのである。

## 謙信は戦争ビジネスで荒稼ぎしていた!?

また謙信は何事にも「大義名分」を重んじていたが、それゆえに自分を正当化することにこだわっていた。合戦の際には「信濃《しなの》の豪族たちを苦しめる信玄を倒すために出陣する」など、自分が戦う理由をハッキリと述べてから出陣した。さらに謙信は、「自分は毘沙門天《びしゃもんてん》の生まれ変わりである」と自らを神格化しているが、これはプライドや理想が高いことの表れでもあった。

それゆえ気に入らないことがあると、さじを投げることもあった。

弘治2年（1556）、相次ぐ家臣同士の争いに嫌気がさした謙信は、突然出家すると宣言し、越後を去って高野山に向かうという事件を起こしている。家臣の長尾政景らが慌てて後を追いかけ、「これからは何事もお館様に従います」と謙信の前で誓いを立て、ようやく帰ってきてもらった。その後も国人領主の反乱が相次いで起きていることから、謙信は必ずしも家臣に優しい大将ではなかったようだ。

謙信が家臣たちに辛くあたる姿は、さまざまな史料で見ることができる。例えば、猛将として名高い重臣の柿崎景家は、織田信長と内通しているという噂が流れ、死罪に処されたといわれている（『景勝公一代略記』）。長年仕えた重臣でも、あっさりと切り捨ててしまったのだ。

「上杉謙信」国立国会図書館所蔵

また謙信は気が短く、カッとなって家臣を手討ちにすることが少なくなかった。永禄5年（1562）には、上野の厩橋《まやばし》城に入城した際、城代の長尾謙忠を謀叛の疑いで斬り捨て、数百人の家臣を弓や鉄砲で惨殺している。続く永禄6年（1563）には、武田・北条軍に包囲された松山城の援軍に赴いたが、城主の上杉憲勝が謙信の到着を待たずに開城・降伏したことに激怒し、人質として預かっていた憲勝の子を斬り殺した。

こうした粛清の対象は、自分の家臣だけにとどまらなかった。永禄2年（1559）8月、謙信が堺を訪れたときには、旅宿の主が正装の素足でなく皮足袋《かわたび》を履いて挨拶に来たことに腹を立て、有無を言わずに斬り捨てている。この理不尽な仕打ちに町民たちは抗議したが、謙信は刃を向けて町人を威嚇し、町に火をつけたという。

これらの逸話が史実かどうかはわからないが、他にもさまざまな史料で発作的に手討ちしたエピソードが見受けられる。この辺に、謙信の気の短さがうかがえる。

また合戦でも、謙信の「義将」らしからぬエピソードがいくつもある。謙信は毎年のように関東へ出陣したが、ときには露骨に食糧や捕虜を求める「出稼ぎ遠征」も行っていた。多くの戦国大名は、雑兵を集めるために「乱取り」と呼ばれる略奪行為を認めていたが、特に上杉軍の雑兵たちは放火や刈田、果ては一般民衆の拉致まで犯し、人々から恐れられていた。

上杉軍の雑兵が略奪をした背景には、越後の気候が関係している。豪雪地帯の越後では二毛作をすることができず、毎年、春から夏にかけて深刻な食糧不足に陥っていた。そこで冬になってから出陣し、近隣の村落から略奪することで、食糧を補っていたのだ。

このほか、上杉軍は人身売買も熱心に行っていたという。永禄7年（1564）の小田原包囲戦では、人身売買の市まで立ったといわれている。戦争捕虜は親類や知人が金を払って引き取るのが通例だが、それができない場合に人身売買が行われた。上杉軍はこの「乱取り」と「人身売買」という戦争ビジネスを、関東出兵の際に行っていたのである。

TABOO 15

中津城に出没した亡霊

# 黒田長政の呪われた過去
# 豊前・城井一族の誅殺劇

黒田家の将来を考え、豊臣政権に反抗的な城井一族の誅殺を断行した黒田長政。だが殺された一族の亡霊に悩まされ、その霊を祀るようになった。

## 秀吉の転封命令に従わなかった城井《きい》鎮房《しげふさ》

黒田長政は名軍師と謳《うた》われた黒田官兵衛の嫡男で、元服後は父に従い合戦で功を挙げた。そして父子の功績が認められ、天正15年（1587）の九州征伐のあと、豊前《ぶぜん》国中津に12万5000石を与えられた。だが九州には豊臣政権の統治に反抗する者も多く、領国支配は一筋縄ではいかなかった。

官兵衛は豊前入国の際、３カ条からなる法度を定めている（『黒田家譜』）。第一条と第二条では主人や夫に背いたり、殺人・盗人・強盗を犯したら罰すること、第三条では水田の面積や収量を偽ったり、隠したりすると罪に問われることが記されている。官兵衛は領国支配のため、まずは法を定めて治安維持に努めた。

新領地では検地も行われたが、これに反発する領民も出てくる。特に佐々《さっさ》成政が治めた肥後では、拙速に検地を行ったことから大規模な国人一揆が勃発する。成政は独力でこれを鎮圧しようとするが多くの家臣が討ち取られ、秀吉に援軍を要請する。官兵衛も一揆を鎮めるため肥後に向かったが、その隙を突いて豊前でも国人たちが反乱を起こした。このとき反乱軍の首領となったのが、かつて豊前を治めていた城井鎮房である。

城井氏は下野《しもつけ》の名族・宇都宮氏の分流にあたり、鎮房は「宇都宮鎮房」ともいう。父の長房は宇都宮本家の内紛に長らく介入していたため、鎮房は早くから領国経営を任されていた。小大名ゆえに近隣の大大名の動きにはとても機敏で、最初は大友宗麟《そうりん》に服属していたが、耳川の戦いで大友が敗れたのを機に島津義久を頼るなど、機を見て行動していた。

豊臣秀吉の九州征伐では特に抵抗することもなく帰順するが、自身は病気と称して出仕せず、息子の朝房を代理として差し向けた。これが秀吉の怒りを買い、鎮房に伊予への転封を命じた。ところが鎮房は父祖伝来の土地を離れることを嫌い、命令を拒否して城井谷に居座り続ける。そして、森吉成（毛利勝信）を通じて秀吉に命令の変更を願い出たが、秀吉は一切聞く耳を持たなかった。

やがて豊前6郡の太守となった黒田官兵衛とも不和になり、秀吉の鎮房に対する心象はさらに悪くなっていく。この状況を見かねた吉成は、「ひとまず城井谷を去り、秀吉公の怒りが収まるのを待とう」と鎮房に提案する。結局、鎮房は吉成の領地に移ったが、秀吉に対する不満はくすぶり続けた。

## 城井一族の一掃を決断した長政

ここで大人しくしていれば、城井家再興の見通しが立っていたかもしれない。だが怪力無双で強弓の使い手だった鎮房は、官兵衛の留守をついて反乱を起こす。

天正15年（1587）10月、鎮房は城井谷城を奪回する。豊前の留守を任されていた長政は血気にはやり、官兵衛に無断で城井谷城に攻め込んでしまう。これに対し鎮房は地の利を活かしてゲリラ戦を展開し、長政軍を敗走させた。

その後、天険の要塞である城井谷城を落とすのは容易でないと悟った長政は、城の兵站《へいたん》を断つ持久戦へと作戦を切り替えた。

「黒田長政像」福岡市博物館所蔵

この持久戦が功を奏し、形勢は逆転。12月には、鎮房が13歳になる娘・鶴姫を人質に差し出すことで和議が成立した。だが秀吉の鎮房に対する怒りは、いまだ収まらなかった。

豊前の反乱が収束した頃、肥後の国人一揆も九州・四国の大名を総動員してようやく収まった。しかし、一揆発生の要因を作ったことを理由に、肥後国主の佐々成政は切腹を命じられた。領国経営に失敗すればお家取り潰しもあることを、秀吉は家臣たちに示したのだ。

佐々成政切腹の報を聞いた長政は、並々ならぬ危機感を抱いた。城井一族が再び蜂起すれば、黒田家が取り潰されるおそれもあったからだ。そこで将来的な禍根《かこん》を取り除くため、城井一族を一掃することを決断する。

## 城井鎮房の亡霊に悩まされた長政

黒田家の歴史をまとめた『黒田家譜』には、城井一族誅殺の顚末が次のように記されている。

天正16年（1588）4月20日、長政は鎮房を中津城に招いた。このとき官兵衛は、一揆の事後処理をするため鎮房の子・朝房を連れて肥後に滞在していた。

鎮房は家臣を200名ほど率いてやってきたが、そのほとんどが城下の合元寺《がんじ》に留め置かれる。鎮房はわずかな供を連れて城に入り、長政との酒宴に臨んだ。ひと通りの挨拶を済ませたあと、参加者に酒が振る舞われる。そして長政家臣の野村太郎兵衛が、酒の肴《さかな》を載せた三方（宴会の食膳）を投げつけて鎮房に切りかかった。鎮房は左の額から目の下まで切りつけられたが、刀を抜いて応戦しようとする。だが長政に斬られ、その場で息絶えた。

鎮房の死後、合元寺にいた鎮房の家臣たちにも黒田勢が差し向けられる。家臣たちは果敢に戦ったが、そのほとんどが斬り殺された。この戦いで飛び散った血が寺の門前の白壁を赤く染め、その後、何度塗り替えても血痕が消えなかったことから、最終的には壁そのものを赤色に塗り替えたといわれている。また境内の大黒柱には、争った際にできた刀傷も残っている。

中津にいた城井主従を討ち取ったあと、黒田勢は城井谷城へと攻め寄せる。城にいた鎮房の父・長房や家臣は討ち取られ、妻子は生け捕りとなる。そして人質になっていた鶴姫とともに、磔《はりつけ》の刑に処された。

『川角太閤記』には、このとき官兵衛は妻子を山口に送還するよう命じたが、長政は「それでは手ぬるい」と妻を火あぶりにし、残りを磔にしたと記されている。また官兵衛も、肥後に同行させていた鎮房の子・朝房を暗殺している。こうして城井一族は誅殺され、黒田家はお家取り潰しの危機を免れた。

だがその後、中津城には鎮房の亡霊が出没するようになり、長政を苦しめた。罪の意識に苛まれた長政は、城内に城井神社を創建し、その霊を祀った。その後、黒田家の本拠が福岡城に移った際にも、城内に神社を建てている。また鶴姫が磔の刑に処された河原には、彼女の霊を祀る宇賀神社が創建された。現在は貴船《きふね》神社と合祀し、宇賀貴船神社となっている。

戦国の世の倣いとはいえ、謀略で一族を皆殺しにした過去は、死ぬまで長政の心を蝕んだのである。

# 3章

# 脚色なし！あの〝英雄伝説〟の真偽

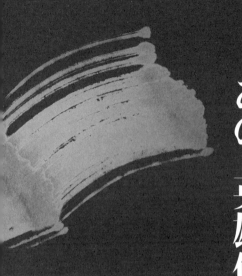

TABOO 16

伝説が一人歩きする男

# 真田幸村の最期「俺の首を持っていけ」は創作!?

数ある戦国武将の中でも、真田幸村ほど後世に脚色された人物はいないだろう。彼は戦績や容姿、そして名前までも改ざんされて現在に至っているのだ。

## 家康本陣に3度突撃した真田幸村

慶長20年（1615）5月7日、幕府軍と豊臣軍が激突した大坂夏の陣は、いよいよ最終局面へと入った。前日の戦いでは後藤又兵衛、木村重成、薄田《すすきだ》兼相《かねすけ》などが討ち取られ、豊臣方は窮地に追い込まれていたのだ。

天王寺口には真田信繁《のぶしげ》（幸村）、毛利勝永ら1万4500の軍勢が、岡山口には大野治房ら4600の兵、そして後詰に大野治長ら1万5000の兵を配置し、15万以上の兵を擁する幕府軍に備えた。両軍の兵力の差は歴然としており、頼みの綱である大坂城も堀を失い脆弱化していた。

もはや豊臣方にはほとんど勝算がない状態だった。だが幸村は、射撃と突撃を繰り返して徳川家康の本陣を孤立させ、一気に急襲して家康の首を取るという一点突破の作戦を考案する。もし家康が討たれると、幕府軍は瓦解して敗走する可能性が高い。そのため、この作戦に必勝を期して戦いに臨んだ。

そして7日正午、最後の決戦となる天王寺・岡山の戦いの火ぶたが切って落とされた。しかし、いきなり毛利隊が射撃を開始してしまい、作戦実行は断念せざるをえなかった。それでも幸村は「こうなったら本陣に突撃し、家康の首を奪うのみ」と作戦を切り替え、家康本陣に狙いを定めて突撃を敢行する。目の前には松平忠直率いる1万5000の大軍が待ちかまえていたが、幸村はこれを突破。ついに家康の本陣へと突入する。真田隊は3度の突撃を敢行し、家康は2度も自害を覚悟した。だが幸村の奮闘もここまでだった。

突撃戦により真田隊は消耗し、そこへ態勢を立て直した忠直の軍勢が襲いかかる。真田隊は壊滅し、疲れ果てた幸村は四天王寺近くの安居《やすい》神社で休憩していた。そこへ忠直軍の部将・西尾仁左衛門《にざえもん》率いる一隊が現れ、幸村はこう言った。

「この首を持っていき手柄とせよ。私は真田幸村である」

こうして幸村は討ち取られ、49年の生涯を閉じた。その武勇にあやかろうと、首実検の際には幸村の髪の毛を抜く者が後を絶たなかったという。

そして7日夜、大坂城の天守閣は激しく燃え盛り、焼失する。豊臣秀頼とその母・淀殿、さらに大野治長らわずかな側近と侍女たちは北側の曲輪《くるわ》に逃れたが、翌日に自害。豊臣家は滅亡し、家康は念願の天下統一を果たした。

## 虚々実々入り乱れた幸村の散り際

以上が、真田幸村の最期にまつわるエピソードである。自ら名乗るところに武士としての潔さを感じるが、実はこの話はまったくの創作とされている。

それを裏付ける覚書《おぼえがき》が、越前《えちぜん》松平家に伝わる古文書集『松平文庫』（福井県立図書館保管）から発見された。

覚書には、仁左衛門が幸村と知らぬまま槍で戦い、討ち取ったと記されている。互いに馬から下りて槍で戦い、突き倒し、討ち取った。その後、同僚の花形市左衛門が陣中見舞いに来たとき、討ち取った首が幸村だとわかったという。

この新説について、作家の火坂雅志氏は「相手が誰だかわからないまま戦い、討ち取ったあたりにリアリティーがある」と述べている。一方で、作家の津本陽氏は「歴史文書の内容は必ずしも真実とは限らない。今となっては何が本当かはわからず、どの説を採るかはそれぞれの好み」と語っている。どの話が真実なのかわからないほど、「幸村の最期」にはバリエーションがあるのだ。

幸村が仁左衛門に首を差し出した話は、江戸幕府の史料に記されていたものだ。さらに池波正太郎の小説『真田太平記』には、仁左衛門に「手柄とせよ」と言ったエピソードも描かれている。また戦記『大坂物語』では、鉄砲で胸を撃たれて落馬したところを松平家の家臣に討たれたとされている。

一方で、松代《まつしろ》藩の真田家文書には「仁左衛門が討ち取った首は、幸村の影武者のものだった」とある。さらに夏の陣のあと、上方では「花のようなる秀頼さまを 鬼のようなる真田がつれて 退きも退いたり加護島（鹿児島）へ」と、幸村が秀頼を連れて薩摩に逃れたという俗謡が流行った。源義経のような「生存説」もまことしやかに流れていた。

「真田幸村勇戦之図」上田市立博物館所蔵

幸村については死に様ひとつとっても諸説あるが、これは幸村に関する読物が、江戸時代に多数刊行された影響が大きい。読物には虚々実々入り乱れており、幸村のイメージが勝手に一人歩きしてしまったのだ。その典型例といえるのが、幸村の実名である。

## 柔和で辛抱強く、物静かだった幸村

幸村の実名は「信繁」といい、「幸村」の名は寛文《かんぶん》12年（1672）に成立した軍記物語『難波戦記』で初めて見ることができる。その後、徐々に「幸村」の名前が浸透していき、ついには幸村の兄・信之が藩祖の松代藩でも、正史に「幸村」の名を採用する。こうして「幸村」の名が知られるようになり、「信繁」という名前は忘れ去られてしまった。

だが平成28年（2016）の大河ドラマ『真田丸』で、「信繁」の名が一気に浸透する可能性がある。番組ホームページには「幸村」ではなく「信繁」の名が使われており、本当は「信繁」という名前だったということを浸透させようとする気概を感じる。「真田信繁」がどのように描かれるかで、幸村のイメージも変わってくるはずだ。

今後は、今まで描かれていた幸村像が覆る可能性があるが、それによって「こんなの幸村じゃない！」とガッカリする人が出てくるかもしれない。なぜなら、幸村は美丈夫でなく、十勇士もいなかったからだ。大坂城に入った頃の幸村は、歯が抜けて白髪も目立つ初老の小男だった。九度山蟄居《ちっきょ》時にも、「急に歳をとり、病身となって歯も抜けた。髭など黒いところはない」とボヤいていたという（『木村綱茂宛書状』）。

また幸村に仕えて活躍したとされる「真田十勇士」も、創作で生み出された架空の人物である。ただし、中には実在の人物をモデルにした者もいる。例えば、三好清海入道・伊三入道の兄弟は、大坂の陣で討死した三好政康・政勝がそのモデルだったとされている。他にも、穴山小助は幸村の影武者を務めて討死したという穴山小介がモデルだったといわれている。

十勇士の原型は江戸中期の小説『真田三代記』で見られるが、「十勇士」として登場したのは大正時代に入ってからである。以降、現在に至るまで多くの作品で十勇士の姿を見ることができる。

そして、幸村は大坂の陣で家康本陣に3度突撃するなど、勇猛果敢な武将として描かれることが多い。だが兄の信之は「弟は柔和で辛抱強く、物静かで怒ることはほとんどない」と、勇猛とはかけ離れた幸村像を語っている。

幸村は大坂夏の陣で活躍したが、それまでの活動実績は無きに等しい。真田家の戦いといえば天正13年（1585）の第一次上田合戦が有名だが、このとき大将として徳川の大軍と戦ったのは、幸村ではなく父の昌幸だった。また慶長5年（1600）の第二次上田合戦も、昌幸が大将として徳川秀忠の軍勢を食い止めた。つまり、幸村は大きな戦果を挙げていないまま大坂城に入り、豊臣方として戦ったのだ。

もちろん幸村自身が勇敢で、知略に長けた武将だったことに間違いはないが、身の丈以上に過大評価され、「戦国最強の武将」と謳われるようになったのである。

TABOO 17

# 「井伊の赤鬼」と恐れられる井伊直政の関ケ原の戦い「抜け駆け」の真相

「徳川四天王」の1人として、「赤備え」の軍勢を率いて活躍した井伊直政。彼が家康に厚遇されたのは、単に彼が〝お気に入り〟の存在だったからではなかった。

## 「ただならぬ仲」だから出世したわけではない!?

井伊直政は酒井忠次、本多忠勝、榊原康政と並ぶ「徳川四天王」の1人だが、忠勝と康政とは13歳、忠次とは34歳も歳の差が離れている。しかも井伊家は代々遠江《とおとうみ》の井伊谷《いいのや》に居住する家で、忠次や忠勝のような三河武士ではない。それでも家康からの信任は厚く、天正18年（1590）に関東へ入封した際には、譜代家臣の中でもっとも多い上野《こうずけ》国箕輪《みのわ》12万石を与えられている。

なぜ、直政は家康からこれだけ厚遇されていたのか。よく言われているのは、直政が家康の寵童だったという説である（『甫庵《ほあん》太閤記』）。この時代、戦国武将の男色は珍しいものではなく、武田信玄と春日虎綱（高坂昌信）、織田信長と前田利家など、似たような例はいくつもある。

「契りを交わした小姓は裏切らない」という信頼感から要職に起用したといわれているが、「お気に入り」なだけで出世できたわけではない。なぜなら、寵童をひいきして出世させれば、家中に嫉妬と憎悪が渦巻くようになるからだ。「男の嫉妬は女の嫉妬よりも怖い」という言葉もあるが、戦国の世では家中が分裂するおそれもある。そのため、直政が「家康と男色の仲だから」出世したというのは考えにくい。

それでなくても家康は、人事査定に私情を挟むようなことはなかった。関ヶ原合戦後の論功行賞でも、公正明大な査定で不満の発生を防いでいる。直政は非三河出身で年若にもかかわらずトントン拍子で出世したが、不満を唱える老臣はいなかった。それは直政が出世に値する才覚の持ち主で、功績を重ねていたからだ。

家康と直政の関係で近年取り沙汰されているのが、家康の正室・築山殿《つきやまどの》との姻戚関係である。『井伊年譜』や『寛政譜』などを傍証とする説で、築山殿の母が直政の曾祖父・直平の娘だったというものだ。これが事実なら、家康と直政は単なる主従関係ではなかったことになる。それを忠勝らもわかっていたから、直政への厚遇に文句を言わなかったのかもしれない。

## 武田最強部隊を継承した「井伊の赤備え」

直政は永禄4年(1561)、井伊直親の嫡男として生まれた。翌年、父が謀叛の疑いをかけられて誅殺され、直政も殺されるところだったが助けられ、翌年に曾祖父が亡くなると3歳で後継者となった。だがまだ幼かったため、父・直親の従妹が「井伊直虎」と名乗り、女城主を務めた。

直政は8歳まで「女性地頭」と呼ばれた直虎のもとで養育されたが、家中の混乱が絶えず、戦乱を避けるため鳳来寺へと逃れた。その後、家臣の小野道好に井伊谷城を奪われるなど、井伊家には次々と苦難が降りかかるが、直虎が家康と手を組んだことで状況は一変する。家康は小野道好を討ち、井伊谷城は再び井伊家のものとなった。

ところが元亀《げんき》3年（1572）、今度は武田信玄の侵攻を受け、再び井伊谷城は陥落する。直虎は直政とともに城を落ち延び、翌年に武田軍が撤退するまで浜松城に逃れた。そして天正3年（1575）、直政は家康の鷹狩りの最中に見出され、小姓として出仕する。家康は直政の姿を一目見ただけで、その大器を感じたという。

翌年、直政は武田勝頼との戦いで初陣を飾った。真っ先に駆けて戦功を挙げるだけでなく、家康の寝所近くに忍び込んだ刺客まで討ち取り、家康から3000石を与えられた。また高天神城の攻略戦では、工作員を使って水の手を切る戦功を挙げている。

天正10年（1582）、直虎が亡くなって正式に井伊家の家督を継ぐと、戦いの先手役を任されるようになる。本多忠勝や榊原康政と功を競い合う一方で、天正壬午《じんご》の乱（旧武田領をめぐる徳川・北条・上杉の争い）では北条氏政と和睦交渉を行うなど、外交官としても活躍した。

交渉の結果、家康は武田の旧領の大半を制するようになったが、家康は武田の旧臣を直政に預け、「井伊の赤備え」と呼ばれる精鋭部隊を組織させた。元々は武田家重臣の飯富《おぶ》虎昌が用いたもので、それを弟の山県《やまがた》昌景が継承し、戦国最強の部隊として活躍した。直政はこれを復活させ、朱色の軍装を身に

井伊直政の像。写真／フォトライブラリー

つけた部隊を率いて戦ったのである。

直政は自ら先陣に立って戦ったため、戦傷が絶えなかった。だが苛烈に戦ったその姿から、「井伊の赤鬼」と恐れられた。

## 関ヶ原で抜け駆けして先陣の功を立てる

家康と直政の間には深い結びつきがあったが、家康の四男・忠吉に直政の娘・政子が嫁いだことで、その結びつきはさらに深くなる。慶長5年（1600）の関ヶ原の戦いでは、忠吉の補佐役として出陣したが、このときの直政の動きには、家康の思惑が見え隠れしていた。

三男・秀忠率いる軍勢が真田昌幸・幸村父子によって足止めを喰らい、関ヶ原の戦いに参加した家康の子は忠吉だけだった。しかも忠吉はこれが初陣だったため、実質的には直政が軍を率いていた。家康はこの2人に武功を挙げさせることで、徳川家の存在を高めようとしたのだ。

なぜ家康にそのような思惑があったのか？　それは、豊臣恩顧の大名ばかり活躍すれば、戦後の政治体制で徳川家がイニシアチブを握れなくなるおそれがあったからだ。とはいえ、戦いの中で敵の大将の首が奪えるかどうかはわからない。そこで、先陣の手柄に狙いを定めたのである。とはいえ、関ヶ原合戦の先鋒を命じられたのは福島正則である。そこで直政は、抜け駆けをするため大胆な行動に出た。

慶長5年（1600）9月15日早朝、両軍が濃霧の中で対峙するなか、直政は忠吉を連れ、約50騎を率いて正則隊の横を通り抜けようとする。これを見て、福島軍の部将・可児《かに》才蔵が行く手を阻んだが、直政は「忠吉様の物見である。許されよ」と言って通り抜けた。

そして前線に出た直政は、突如正面の宇喜多直家隊に向けて発砲し、関ヶ原の戦いにおける先陣の功を立てた。抜け駆けされた正則からすれば気分がいいものではなかったが、それでも倍以上の兵を擁する宇喜多隊と真っ向から激突し、進撃を防ぐ戦功を挙げている。

本来、合戦で抜け駆けをするのは軍令違反だったが、家康からのお咎めはなかった。むしろ2人の活躍を大いに褒め称え、直政には近江《おうみ》国佐和山18万石、忠吉には尾張《おわり》国清洲52万石が与えられた。そのため、直政の抜け駆けが家康の指示だった可能性は極めて高いといえる。

一方で、家康は先陣を奪われた正則に対する配慮も忘れなかった。以前の石高（24万石）の倍にあたる安芸《あき》国広島49万８２００石を与え、戦いの功に報いた。

こうして家康の期待に応えた直政だったが、島津軍との戦いで大怪我を負ってしまう。それでも怪我を押して関ヶ原の戦後処理にあたったが、傷がもとで破傷風を患い、42歳の若さで亡くなってしまった。今後の活躍が期待されていたこともあり、惜しまれる死であった。

その後、井伊家は彦根35万石の大名となり、幕政でも大いに存在感を示した。藩祖の直政同様、徳川将軍に対し忠義を尽くし続けた。

TABOO 18

槍一本で家康を支え続けた男

# 徳川四天王・本多忠勝の「生涯無傷伝説」は本当か？

「徳川四天王」の1人である本多忠勝は、生涯50余回の戦いに参加し、かすり傷ひとつ負わなかったという。果たして本当にそんなことが可能だったのだろうか？

## 本多忠勝の強さの「本質」とは？

家康麾下《きか》で最強の猛将とされた本多忠勝には、数え切れないほどの武勇伝がある。しかも永禄3年（1560）の大高城の戦いで初陣を飾って以来、亡くなるまで50回余の戦いに参加し、負けたことはもちろん、かすり傷ひとつ負ったことがないという。果たして、そんなことが本当に可能だったのだろうか？

当時の史料には、確かに忠勝が戦いで傷を負ったという話は出てこない。だがその一方で、名のある武将を討ち取ったという記録もほとんどない。姉川の戦いでは朝倉家の猛将・真柄《まがら》直隆と一騎打ちをしたといわれているが、実際に討ち取ったのは別の武将だったとされている。

そのため、忠勝は先陣に立って戦いに出る命知らずな猛将というよりは、後方から冷静沈着に戦いの状況を見守る戦術家だったといえる。実際、忠勝の采配を見た部下たちは、「忠勝様の指揮で戦うと、背中に盾を背負っているようなものだ」と称賛したという。

最近はゲームの影響もあってか、戦いの最前線で活躍する武将が強いと思われる傾向にある。だが大将が万が一戦死すれば、その時点で味方は総崩れになってしまう。そのため、部隊の指揮を任された武将は、攻撃を受けない場所で指揮を振るうのが普通だった。忠勝はその指揮能力に長け、しかも徳川軍の中でも特に強い精鋭部隊を率いていた。要するに、自分で槍を持って戦う必要がなかったのだ。ただし、大将クラスの人物でも戦場で傷を負っていることを考えれば、やはり忠勝は相当な強者だったことが考えられる。

忠勝に似た例として、武田信玄に仕えた山県《やまがた》昌景が挙げられる。昌景といえば、戦国最強と謳《うた》われた武田の赤備え部隊を率いた勇将として知られているが、実は身長130~140センチの小男だった。だが優れた指揮能力で戦いを勝利に導き、あの織田信長も恐れる存在となった。昌景も戦いで傷を負うことはほとんどなかったが、「赤備え」と呼ばれた最強の部隊に守られていたのだから、それも当然のことである。

同じく武田の家臣だった馬場信春も、長篠の戦いで戦死するまで「生涯無傷」を誇った人物である。彼もまた強力な部隊を率い、戦術にも長けていた。そのため無傷でいられたと考えられるが、加えていえば、大将が自ら槍を振るう必要がないほど、武田軍が強かったということができる。

## 戦場で冷静な判断力を有していた忠勝

ただし、「最強」と呼ばれた戦国武将が、皆すべて後方に引きこもっていたわけではない。戦いの最前線で自ら槍を振るい、武功を挙げた者も少なくない。だが彼らはもれなく戦闘で傷を負い、「無傷」というわけにはいかなかった。

例えば「槍の又左」の異名を持つ前田利家は、桶狭間《おけはざま》の戦いで敵将の首を2つ取る武功を挙げている。当時は織田家から追放されて浪人の身だったため、もちろん部下はいなかった。また永禄4年（1561）の森部の戦いでは、「頸取足立」の異名を持つ足立六兵衛という豪傑を討ち取り、織田家への帰参が認められている。一方で、右眼下を射られたり、太ももを斬られて重傷を負うなど、危うく命を落としかけたことが何度もある。

また藤堂高虎や山内一豊は、若い頃は自ら戦場で槍をふるって功名を立て、大名になってからは若い衆に古傷を見せて自慢したという。

忠勝が高虎や一豊らと違うのは、最初から部隊を率いて戦いに参加する立場だったということだ。本多家は松平家に代々仕える家柄で、戦いでは三河武士たちを率いて戦った。ところが忠勝が2歳のとき、父の忠高が単騎で城門に駆け込み、槍に突き刺されて討死してしまう。母は若くして後家になったが、気丈な態度で忠勝を育て上げた。

そして13歳で元服して初陣を果たすわけだが、忠勝は生まれながらの武将だったため、最初から部下を率いて戦う立場にあった。もちろん部下を率いる立場の者でも、状況によっては自分も槍を振るわなければならないときがあり、そこで傷を負う可能性もある。だが忠勝の場合は、そういった隙を作らせないほど兵が強く、指揮能力も高かったのだ。

また忠勝が戦いで無類の強さを発揮したのは、「退く勇気」も持ち合わせていたことも大きい。例えば元亀《げんき》3年（1572）の三方ヶ原の戦いでは、

本多忠勝の像。写真／フォトライブラリー

家康に対して撤退を進言している。上洛を狙う武田軍の士気が高く、正面からぶつかれば必ず敗れると読んだのだ。三河武士は血気盛んで勇猛だったが、忠勝の場合、合戦に際しては冷静な判断を下していたようだ。

結局、家康は武田軍と戦うという決断を下し、無惨な敗北を喫してしまった。それでも忠勝は徳川軍の左翼として武田軍の山県昌景隊と激突し、退けることに成功する。また犀ヶ崖《さいがかけ》に陣取っていた武田軍に夜襲をかけるなど、最強武田軍に対して一矢報いる活躍を見せた。

## 長さ6メートルの槍を使いこなす

そして忠勝は他の合戦でも、見事な戦いぶりを披露している。

元亀3年（1572）10月、三方ヶ原の前哨戦となった一言坂《ひとことざか》の戦いで、徳川勢は武田軍の大軍に遭遇する。忠勝は家康を守るため殿《しんがり》を務め、坂下という不利な地形に陣取りながらも奮戦し、家康を逃がすことに成功した。このとき、忠勝は鹿角の兜に黒糸威《おどし》の鎧を身につけていたが、その姿を見た信玄の近習・小杉左近は「家康に過ぎたるものが2つあり、唐の頭（船来の珍重品）に本多平八（忠勝）」とうたっている。

ここまでは指揮官や戦術家としての忠勝の強さを取り上げてきたが、1人の武将としても強かったことを示す逸話もある。それが「蜻蛉《とんぼ》切り」のエピソードである。通常の槍の長さは1丈半（約4・5メートル）だったが、忠勝の槍は2丈余り（約6メートル）もあった。槍先が鋭く、先に止まった蜻蛉が真っ二つになるほどだったという。忠勝はこの槍を使いこなしたというのだから、相当な体力の持ち主だったことがうかがえる。

このように忠勝は戦いでは無類の強さを発揮したが、関ヶ原合戦の様子を描いた『関ヶ原合戦図屏風《びょうぶ》』では、なぜか落馬して頭から豪快に突っ込んでいる姿が描かれている。これは島津義弘軍の敵中突破を描いたもので、「生涯無傷」と謳われた忠勝が馬から落ちていることから、「戦国最強の男は本多忠勝ではなく島津義弘だった！」と主張する島津ファンも少なくない。

しかし、これは忠勝が負傷して落馬する姿を描いているわけではない。徳川秀忠から賜ったという愛馬・三国黒《みくにぐろ》が撃たれ、そのはずみで馬から落ちる姿を描いているのだ。駿馬と名高い三国黒は死に、家臣の原田弥之助が忘れ形見として鞍を持ち帰ったという。この「牛人形鞍」は現存しており、展示会などで見ることができる。

問題は、この落馬で忠勝が傷を負ったかどうかである。もしかしたらどこかを痛めたのかもしれないが、本人が我慢した可能性もある。こればかりは検証することができないが、「馬に乗って傷を負った」という記述が史料にないことを考えると、やはり傷は負っていなかったのだろう。

関ヶ原の戦いで勝利した家康が幕府を開くと、忠勝は徐々に政権の中枢から遠ざけられていく。平和な時代には、忠勝のような武功派は必要とされなかったようだ。そして慶長15年（1610）、忠勝は63歳で亡くなった。死ぬ数日前、戦場でもかすり傷を負わなかった忠勝が、小刀を使っている最中に怪我をしてしまう。このとき、忠勝は自分の死期を悟ったという。

TABOO 19

激しい骨肉の争いで滅亡

# 親兄弟が殺し合って滅んだ「山形の雄」最上一族の末路

**最上家は伊達家と並ぶ東北の名門だが、一族同士による内紛が絶えなかった。その結果、山形藩最上家は3代20年余りで終焉を迎えた。**

## 最上《もがみ》家の主導権をめぐる父子の争い

最上家は斯波《しば》氏の流れを引く東北の名門で、代々山形を居城としてきた。そして義光《よしあき》の代に戦国大名として飛躍し、出羽随一の大大名となった。だが仙台の伊達家と比べると、どうしても地味な印象が否めない。これは山形藩最上家が、一族同士の争いが原因で取り潰されてしまったからだ。

最初に起きた一族の内紛は、伊達政宗のライバル的存在でもあった義光が家督を相続するときである。義光は烈しい気性の持ち主で、盗賊に襲われた際には賊の頭目を切り倒すなど、武勇にも長けていた。しかし、父の義守は義光の性格を嫌い、次男の中野義時に家督を継がせたいと考えていた。その結果、最上領の武将や豪族たちが義守派・義光派に分裂し、最上家の主導権争いが勃発した。

結局、この争いは最上家重臣である氏家定直の仲介で和解が成立し、義守は出家して義光に家督を譲った。ところが天正2年（1574）、義光と義守の対立が再燃し、再び争う事態となる。義光の強引な領地支配に、義守が業を煮やしたのだ。義守は米沢の伊達輝宗に援軍を求め、最上義守・伊達連合軍と義光の戦いが始まった。

このとき多くの豪族が義守に味方し、義光は和議を結ぼうとするが果たせず、苦境に追いやられる。だが義守方も一枚岩ではなく、輝宗と義光が和睦を結んだのを機に争いは終結した。こうして義光は、戦国大名としての道を歩み始めていった。

一連の抗争が終結したあとも、領内には天童頼久や東根頼景など義光に従わない武将がいたが、義光は反対勢力をひとつずつ潰していった。一方で、中央の実力者である織田信長に連絡を取り、出羽守推任を願い出た。『山形新聞』の平成6年（1994）3月4日朝刊の記事には、天正5年（1577）に信長と謁見し、「最上出羽守」に任じられた文書が発見されたことが報じられている。義光は中央政界とコンタクトを取りながら、勢力を着実に拡げていったのである。

領国を拡げていくうえで、義光は調略を活用していた。内応工作で敵勢力を切り崩したほか、懐柔に応じない者は、山形城に呼び出して斬殺したこともある。戦国の世を生き抜くには必要な手段だったが、これにより義光に悪人のイメージが定着してしまった。

## 義光の嫡男・義康が謎の死を遂げる

天正18年（１５９０）、義光は豊臣秀吉の小田原攻めに参陣し、本領を安堵された。義光が迅速に参陣できたのは、徳川家康と密に連絡を取り合い、上方の事情をよく把握していたからだ。これに対し、参陣が遅れた伊達政宗は旧蘆名《あしな》領を召し上げられ、参陣しなかった大崎氏や葛西氏は所領を没収された。

こうして義光は秀吉に仕える立場になったが、次男の家親を徳川家の小姓として出仕させるなど、相変わらず家康寄りの姿勢を示した。一方で三男の義親を秀吉に仕えさせ、秀吉の甥で関白の豊臣秀次に娘の駒姫を側室として差し出すなど、豊臣家に対しても忠義を尽くす姿勢も見せた。

だが文禄4年（１５９５）、秀次が切腹に追い込まれ、駒姫が連座して処刑されると、義光は徳川寄りの姿勢を鮮明にしていく。翌年に起きた慶長伏見地震の際には、諸将がこぞって秀吉のもとに馳せ参じるなか、義光は家康の護衛に駆けつけた。

そして秀吉が亡くなると、義光は家康率いる東軍についた。伊達政宗とともに会津の上杉景勝と戦い、撃退した功績が認められ、57万石を領する大大名にまで上り詰めた。

戦後、義光は領内の開発・整備に力を注いだが、一方で頭を悩ませたのが後継者問題である。嫡子の義康は長年部屋住みとして義光に仕え、長谷堂城の戦いでは窮地に立たされた父を救い、東軍を勝利へと導く活躍を見せた。だが武将としての評価が高かったせいで、義康の周りには豊臣寄りの反義光派が近づくようになる。そして義康待望論が挙がると、義光は義康に憎悪の念を抱くようになった。

義光は、小姓として徳川家に仕える次男の家親を後継ぎにしようと考えていた。そこで家康にこの一件を相談したところ、家康は「家督のことは義光に任せる」と答えたが、「義康を廃して家親を立てるべし」と示唆したとも

最上義光の像。
写真／フォトライブラリー

いわれている。家康の意向がどうだったかは定かでないが、帰国後、義光は義康に「高野山へ退去せよ」と命じた。

義康は失意のうちに山形を去り、高野山へと向かう。だがその道中で何者かの襲撃に遭い、殺されてしまう。これが義光の命だったのか、家臣たちが勝手に行ったものかはわからないが、義光は年を追うごとに義康の死を悼むようになったという。山形に義光山常念寺を建て義康の位牌を安置し、その菩提を弔った。

## 内紛が収まらず改易へと追い込まれる

義康の死後、義光は病気がちになった。そして慶長19年（1614）1月、義光は69年の生涯を閉じ、家親が新たな最上家の当主となった。しかし、義康事件の影響もあってか、家中には不穏な空気が漂っていた。次第に反主流派の動きが活発になり、6月には庄内の一栗《ひとつぐり》兵部が反乱を起こした。

少人数での決起だったため、反乱はあっという間に鎮圧された。だが反主流派は、家親の弟で義光の三男にあたる清水義親を擁立する動きに出る。義親は豊臣家に仕えたことがあり、豊臣秀頼とも交流があった。ちょうど大坂冬の陣を間近に控えた時期で、家親にとって義親の存在は厄介以外の何者でもなかった。そこで大坂攻めの直前、家親は後顧の憂いを断つため、義親の居城である清水城を攻めて弟を討った。

これで家中の対立が収まったかに見えたが、3年後の元和《げんな》3年（1617）、家親は山形城中で急死してしまう（享年36）。あまりに突然の最期だったため、死因についてはさまざまな憶測が流れた。『徳川実紀』には、「猿楽見ながら頓死す。人皆これを怪しむ」とあり、単なる病死ではなかったことがうかがえる。他にも、家臣の屋敷で会食したあとに死んだ説、侍妾によって寝室で刺殺された説などがある。

家親が死んだため、嫡男の義俊が13歳で後を継いだ。しかし、家親の死があまりに怪しかったため、幕府から内政干渉を受けたうえでの家督相続となった。

だが義俊は若年なうえに凡庸だったため、義俊の叔父にあたる山野辺義忠を擁立しようとする家臣が現れるようになる。そして元和8年（1622）、義光の甥にあたる松根光広が「家親の死は楯岡光直の犯行によるもの」と老中の酒井忠世に訴え出た。結局、楯岡からは証拠が出ず、松根は柳川藩に預けられたが、この一件で最上家の御家騒動が表沙汰になってしまう。

もはや家中の混乱を収拾させるのは不可能と判断した幕府は、最上領57万石の召し上げを命じた。こうして山形藩最上家が改易されたが、義俊には1万石が与えられ、最上家の存続はかろうじて許された。

最上家は57万石の大領を得たが、家臣たちの意識は戦国時代のままであった。その結果、「幕府に従う」という意識に欠け、改易されるまで強気の姿勢を崩さなかった。彼らは時代が「争乱」から「平和」に変わっていくことに気付かないまま、自分たちの故郷を追われてしまったのである。

TABOO 20

本当の敵は内にあった!?

# 家中に問題を抱えていた島津義弘「島津退き口」の真実

島津義弘といえば、関ヶ原の戦いで敵中を突破した「退き口」が有名である。だがそこに至るまでには、島津家中のさまざまな〝お家事情〟が関係していた。

## 敵中突破で武将としての評価を上げる

慶長5年（1600）9月15日早朝、美濃《みの》の関ヶ原で天下分け目の戦いが始まった。島津義弘率いる1500の兵は、石田三成勢の右手の脇備えとして控えていたが、合戦が始まっても戦いに参加しようとしなかった。しびれを切らした三成は、家臣を派遣して援軍を要請するが、義弘は聞く耳すら持たなかった。

義弘が沈黙を続けたのは、三成ら西軍首脳部に対する不信感があったからだ。東西両軍合わせて16万以上の兵が集結した関ヶ原合戦において、1500の兵しか持たない義弘は少数勢力に過ぎなかった。前哨戦では戦場で島津隊を見捨てたり、義弘が唱えた夜襲策を却下するなど、西軍首脳部は島津勢をぞんざいに扱ったという。ただし、これらの話は『落穂集《おちぼしゅう》』という後世に書かれた編纂物にしか記載されていないため、本当にあったことかどうかはわからない。

戦いはほとんど互角に推移したが、松尾山の小早川秀秋が東軍に寝返ったことで、西軍は窮地に追い込まれる。三成や小西行長、宇喜多秀家ら西軍の主力がこぞって敗走し、島津勢は敵中に取り残されてしまう。西軍の敗北が決定的になったとき、義弘は「我々に5000の兵がいれば、戦いに勝つことができたのに」とつぶやいたという。朝鮮出兵の際、数千の兵で10万の明・朝鮮連合軍を敗走させた戦歴を踏まえれば、これが単なる強がりではなかったことがわかる。

もはや島津勢は退路を断たれ、逃げ道を失った。だが義弘は死中に活路を求め、敵中突破をはかった。これが世に名高い「島津の退き口」である。島津勢は旗指物や合印《あいいん》などを捨て、薩摩の方向に向かって真一文字に突撃する。義弘の甥・豊久や山田有栄《ありなが》などが先頭に立って鉄砲を放ち、敵が怯んだ隙を突いて前進した。福島正則隊を突破し、家康本陣とすれ違い、追撃する松平忠吉と井伊直政を負傷させた。島津勢も豊久や家老の長寿院盛淳《ちょうじゅいんもりあつ》が戦死したが、戦場からの離脱に成功した。しかし1500の兵は、わずか100人足らずしか残らなかった。

この凄まじい敵中突破劇で、義弘はその武勇を天下に轟かせた。だが義弘の兵は、なぜ1500しかいなかったのか？　そこには島津家の複雑な内部事情が関係している。

## 秀吉への対応をめぐり兄弟不和が生じる

島津家は鎌倉幕府以来続く薩摩の名門で、義弘の父・貴久の代に戦国大名としての布石を固めた。そして義弘の兄・義久が薩摩を統一し、その後、大《おお》隅《すみ》・日向《ひゅうが》へと勢力を拡げた。

耳川の戦いで大友軍を破り、沖田畷《おきたなわて》の戦いで龍造寺隆信を敗死させたことで九州北部にも進出し、最盛期には九州の大半を手中に収めた。だが豊臣秀吉の九州征伐を受け降伏し、薩摩・大隈と日向の一部を本領として安堵された。このとき義久から義弘に家督が相続されたといわれているが、正式に家督が受け継がれたかどうかは確認できない。だが義弘が当主のように扱われたのは、秀吉が義久よりも義弘を厚遇したからだ。

秀吉は薩摩を義久に、大隅を義弘に与え、義久が当主であるにもかかわらず、2人が同格だという意思を示した。また義弘には羽柴の名字と豊臣の本姓を下賜《かし》したが、義久には羽柴の名字しか与えなかった。秀吉がこうした扱いをしたのは、義久と義弘の仲を引き裂いて島津家を弱体化させようとする狙いがあったからともされている。

義弘はたびたび上洛し、豊臣政権の脅威を肌で感じていた。また秀吉に取り立てられた恩義もあり、率先して豊臣政権との折衝にあたった。だが義久ら国許の面々からは理解されず、義弘は島津家中で孤立していった。一方、兄の義久は「中央は中央、薩摩は薩摩」という考えの持ち主で、形式上は豊臣政権に臣従しても、心までは秀吉に降っていなかった。そのため、豊臣政権が刀狩令を発したときも、国許ではなかなか応じなかった。

国許の不穏な動きを受け、取次ぎ役を務めていた石田三成は「島津家は関白様（秀吉）の御用になることを何ひとつ果たしていない」と義弘を叱責し、「このままでは島津家の滅亡は近い」と警告している。だがそれでも義久は態度を改めず、義弘は三成と義久の板挟みにしている。

関ヶ原の島津義弘の陣跡。

なって苦しんだ。

そして朝鮮出兵の際にも、島津家は家中の混乱を露呈させている。義弘は1万の軍役を命じられたが、義久はじめ国許の面々はなかなか従わなかった。結局、島津勢の朝鮮参陣は遅れ、島津家臣の梅北国兼《うめきたくにかね》が一揆を起こしたことでさらに参陣が遅れ、義弘は「日本一の大遅参」と嘲笑された。

国兼は朝鮮出兵に参陣するため、朝鮮出兵の前線拠点である肥前名護屋に向かっていた。ところが突然嫌気が差したのか、途中で加藤清正の支城である佐敷《さしき》城を奪って反乱を起こしてしまう。反乱自体は数日で鎮圧されたが、義弘の弟である歳久は「事件の黒幕ではないか」と疑われ、成敗された。

## 伊集院忠棟《ただむね》の成敗を機に内乱が勃発

朝鮮出兵では義弘が「鬼島津」と称されるほどの戦功を重ね、「日本一の大遅参」の汚名を返上した。だがその一方で、嫡子の久保を病気で失い、国許の蔵入地《くらいりち》が荒廃するなど辛い目にも遭った。

秀吉の死後、島津家は朝鮮出兵での軍功が評価され、5万石の加増を受けた。だが家中の中央政権に対する不信はなおも根強く、慶長4年（1599）には豊臣寄りの重臣・伊集院忠棟が誅殺される事件が起きる。

忠棟は早くから秀吉への臣従を説いた人物で、九州征伐後は豊臣政権との交渉役も担った。秀吉は忠棟の能力を高く評価して直々に領地を与えたが、その結果、忠棟は秀吉の威光を背景に権勢を誇るようになり、家中の不満も高まっていた。

そんな中で、島津家の家督が義久から忠恒《ただつね》（義弘の三男）に譲られた。忠恒は直情径行型の人間で、秀吉に取り入って出世した忠棟を快く思わなかった。そのため、家督を譲られたタイミングで忠棟を手討ちにしたのである。

当時、政治の実権を握っていた徳川家康は忠恒の行為を支持した。だが伊集院家の人々は納得せず、忠棟の子・忠真《ただざね》が反乱を起こす（庄内の乱）。忠恒は反乱の鎮圧をはかったが、決着がなかなかつかず、結局、家康の仲介で和解が成立した。しかし忠恒は、引き続き忠真を警戒した。

このような状況下で起きたのが、関ヶ原の戦いである。義弘は家康と三成のどちらにつくべきかで頭を悩ませたが、それ以上に問題だったのが、国許から兵が送られなかったことである。国許では庄内の乱が収まったばかりで、とても義弘に大軍を送る余裕はなかった。そのため、義弘は在京の兵1000ばかりで行動しなければならなくなった。

それでも義弘はわずかな手勢を率いて出陣し、家康の家臣・鳥居元忠が籠もる伏見城の援軍に向かう。ところが「援軍に来ることなど聞いていない」と、元忠から入城を拒否されてしまう。どうすることもできなくなった義弘は、西軍への参加を決意したのである。

こうして義弘はわずかな兵で西軍に味方し、そして「退き口」という離業をやってのけた。義弘が玉砕覚悟で突っ込んだのは、これまでの家中のゴタゴタに嫌気が差し、せめて最期は武士らしくありたいと願い、捨て身の突撃を敢行したのかもしれない。

TABOO 21

キリシタン王国の建設を夢見る

# キリスト教布教のために寺社を徹底破壊した大友宗麟

大友宗麟はキリスト教に魅了され、キリシタン王国の建設を夢見た。だがその一方で、旧来の宗教の象徴である神社や仏閣を破壊する行為を犯している。

## キリスト教を憎悪した正室・奈多夫人

天文《てんぶん》20年（1551）、イエズス会の宣教師フランシスコ・ザビエルは、キリスト教の教えを説くため、大友義鎮《よししげ》（宗麟《そうりん》）が治める豊後《ぶんご》を訪れた。これがキリシタン大名・大友宗麟とキリスト教の出会いであった。

大友家は鎌倉時代から続く守護大名で、義鎮は21代目の当主である。天文

19年（1550）に「二階崩れの変」と呼ばれる政変が起こり、大友家の家督を継いでいた。義鎮は領内でのキリスト教布教を許可し、領内のキリスト教信者は着実に数を増やした。弘治元年（1555）には豊後府内の信徒数が1500人に達したが、入信者は病人や貧しい者がほとんどで、武士はほとんど入信していなかった。

義鎮もキリスト教の教えに興味は示していたものの、入信するまでには至らなかった。彼がキリスト教を受け入れたのは、布教を認めることでヨーロッパ諸国と交流し、軍事的・経済的な利益を得ようとしたからだ。当時の彼は禅宗に帰依しており、門司《もじ》城の戦いで毛利元就軍に敗れると、33歳の若さで出家して「休庵宗麟」と号した。

また宗麟が入信しなかった背景には、正室・奈多大人の存在もあった。彼女は八幡奈多宮の大宮司《だいぐうじ》の娘で、神道に傾斜していた。そのため、キリスト教に対して憎悪の念を抱いていた。加えて気性が激しかったことから、宣教師たちからは「ゼザベル（イスラエル王アハブの妃で、悪妻の代表的存在）」

と呼ばれていた。彼女は信徒になろうとする者を引き止めたり、信徒に対して転向を勧めたりした。

奈多夫人の兄である田原親賢《ちかかた》（紹忍《じょうにん》）は宗麟の側近として活躍した人物だが、キリスト教に対しては妹と同じく嫌悪感を抱いていた。養子の親虎が洗礼を受けてキリシタンになったときには、妹の勧めで廃嫡するほどだった。このとき、親賢はキリスト教の会堂を破却して宣教師たちを殺そうとしたが、宗麟の反対で実行までには至らなかった。

## 正妻と別れて新たな妻と臼杵《うすき》に住む

30代までは禅宗に熱中していた宗麟だったが、次第にキリスト教の教えに興味を寄せるようになる。そして天正3年（1575）には、宗麟の次男である親家をキリスト教に帰依させ、「ドン・セバスチャン」という洗礼名が授けられた。

二階崩れの変で親兄弟と激しく争ったこともあり、宗麟は家督争いを避けるため、次男の親家を寺に預けて出家させた。ところが親家は憎になること を嫌い、勝手に還俗《げんぞく》してしまう。彼は気性が激しく、父の宗麟もその扱いに は手を焼いていた。そこで心を落ち着かせるため、親家にキリスト教の教え を説かせ、受洗させたのである。だが激しい気性は変わらなかったようで、 受洗早々、府内の寺院数カ所を破壊したという。

一方、親家の受洗を知った奈多夫人は激怒し、我が子に対して棄教を迫っ た。しかし、頑固な親家は母の忠告に耳を傾けず、せっせと教会に通い続け た。この親家の入信は、それまで入信をためらっていた武士階級の人々がキ リシタンになるきっかけとなった。だが同時に夫人のキリスト教への憎悪も 高まり、ついには「エステバン事件」と呼ばれる騒動が発生する。

奈多夫人には、後に久我《こが》中納言に嫁ぐ娘がいたが、彼女もキリスト教を嫌 っていた。そんな彼女に仕えた少年の中に、エステバンという信徒がいた。 ある日、奈多夫人の娘が「仏寺に行って護符を受けてくるように」とエステ バンに命じると、少年は「キリシタンだからできない」と命令を拒んだ。これが奈多夫人の怒りの導火線に火をつけ、エステバンを殺そうとした。結局、宗麟が間に入って事態は収拾したが、夫婦の溝はさらに深まった。

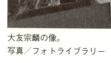

ヒステリックで独善的な奈多夫人に業を煮やした宗麟は、夫人との離別を真剣に考えるようになったが、実行すれば家中に混乱をもたらすおそれがある。そこで政務を息子の義統《よしむね》に任せ、自分は妻がいる丹生島《にゅうじま》城を去り、臼杵城の外に新しい館を建てて新夫人とともに移った。

大友宗麟の像。
写真／フォトライブラリー

この新夫人とは、奈多夫人に長年仕えてきた侍女頭である。年齢はすでに40歳を過ぎ、身体が弱かったが穏やかな性格の持ち主で、宗麟に心から尽くしていた。一方、夫を奪われた奈多夫人は烈火のごとく怒り狂い、屈辱に耐え切れず自殺まではかったという（『イエズス会日本通信』）。

## キリシタン王国建設の夢と挫折

奈多夫人を捨てて新生活を始めた宗麟は、新夫人と彼女に付き従ってきた女性に洗礼を受けさせる。夫人には「ジュリア」、女性には「コインタ」という洗礼名が授けられ、宗麟も洗礼を受けて「ドン・フランシスコ」という洗礼名を授かった。

だが宗麟の娘や親族は、臼杵に駆けつけて丹生島へ戻って奈多夫人と復縁するよう説得する。大友家の家臣にはキリスト教に帰依する者がいる一方で、奈多夫人や田原親賢のように嫌悪感を抱く者もいた。そのため、このまま宗麟がキリスト教に傾倒すれば、家臣団が分裂するおそれがあったからだ。しかし、どんなに説得しても宗麟の心を動かすことはできなかった。

とはいえ、自分が臼杵に移ったことで家中に不穏な空気が漂っていることは宗麟も察知していた。そこで豊後の南にある日向《ひゅうが》を支配し、この地をキリスト教の国にしようと考えた。日向中央部は長らく伊東氏が支配してきたが、島津の侵攻を受けて日向を追われ、大友を頼って豊後に落ち延びていた。

天正6年（1578）3月、日向を攻める大義名分を得た宗麟は3～4万の軍勢を率いて南進する。島津方に寝返った土持親成《つちもちちかしげ》の松尾城を攻略し、領内の神社や仏閣はことごとく焼き払われた。これから建設するキリシタン王国には、旧来の宗教を象徴する社寺は必要ないと宗麟は考えたのだ。

だがこれにより、神社や仏閣にあった仏像・経典の類まで徹底的に破壊され、日向北部の近世以前の一次史料はほとんど失われてしまう。現在、中東でIS（イスラム国）が古代文明の文化財を破壊して問題になっているが、宗麟も同様のことをしたのである。

宗麟は日向につくるキリシタン王国について、このような構想をカブラル神父に明かしている。

「日向に築かれる町は、従来の日本にはない新たな法律と制度で統治されなければならない。住民は皆キリシタンになり、兄弟的な愛をもって、一致して生きねばならない」（『日本史』）

宗麟はもはやキリシタン王国建設の虜《とりこ》になっており、まともな政治判断が下せなくなっていた。金曜と土曜には断食をして、古くから大友家に伝わっていた「だるま」まで破壊するなど、狂信的な行動が目立つようになる。政務を任されていた義統も宗麟に盲従するだけで、父の計画を変更する気概も器量もなかった。それどころか、父にならって豊後や筑後《ちくご》の神社・仏閣を破壊してしまった。そんな大友父子の姿に家臣たちは失望し、兵たちの士気も下がっていった。

こうして家中が一致団結しないまま大友軍は島津軍と激突し、多くの将兵が討たれる大敗を喫した（耳川の戦い）。これにより宗麟の理想郷建設は挫折し、日向の地は島津氏のものとなった。

だが宗麟のキリスト教信仰はますます深くなり、家中をまとめることができなくなる。不満を抱く家臣の反乱が相次ぎ、最終的には大友家を滅亡寸前にまで追い込んでしまった。

TABOO 22

一筋縄ではいかなかった曲者

# 打倒幕府の準備を怠らなかった「独眼竜」伊達政宗の野望

「独眼竜」の異名を持つ伊達政宗は、出生が遅かったことで天下人の風下に立つことを余儀なくされた。だが彼の野望は尽きず、飛躍の機会をつねにうかがっていた。

## 天下人と互角にわたりあった東北の雄

伊達政宗は豊臣秀吉より31歳、徳川家康よりも25歳年少で、「出生がもう少し早ければ、天下人になっていたかもしれない」といわれた東北の英雄である。彼が活躍した背景には、忍者軍団などを活用しての情報収集や、政宗自身が持つ巧みな処世術があった。

天正18年（1590）の小田原参陣を経て豊臣家に臣従した政宗だが、何度か御家存亡の危機に見舞われている。葛西・大崎一揆が起きたときには「政宗が一揆を煽動したのではないか」と疑われたが、自らを磔にするための黄金の十字架を担ぎ、白装束姿で練り歩いたことで秀吉の歓心を買い、取り潰しを免れている。また豊臣秀次が切腹に追い込まれた際も謀叛が疑われたが、身の潔白を堂々と主張して処罰を逃れた。

ルイス・フロイスが著した『日本史』には、秀吉が政宗を信頼していなかったことをうかがわせる発言が記されている。

「汝《なんじ》（政宗）が予（秀吉）を裏切ろうとしていることを予は熟知している。よって汝は殺されてしかるべきだが、汝は朝鮮に渡ってよく尽くしたゆえ、命は助ける。ただし奥州には帰らせず、予の近くに留め置くものとする」

秀吉は政宗を警戒し、「今後何か疑いのある行為に及んだ場合は、家督を兵五郎（秀宗）に継がせるものとする」という旨の誓約書まで書かせたという。

そんな秀吉が慶長3年（1598）に亡くなると、今度は徳川家康が天下人として台頭する。関ヶ原の戦いでは家康側についた政宗だが、一方で西軍の上杉景勝にも書状を送るなど、東西両軍を天秤にかけて様子をうかがっていた。もし家康が敗れたら、景勝や越後《えちご》の堀秀治、常陸《ひたち》の佐竹義宣《よしのぶ》らと手を組み、江戸まで制して一気に東国を掌握しようと企んでいたのだ。一方で、家康からは「百万石の御墨付き」をもらい、どちらに転んでもいいようにしていた。

だが政宗にとって誤算だったのは、

伊達政宗の像。写真／フォトライブラリー

関ヶ原の戦いがわずか1日で決着したことだ。政宗は上方で争っている最中に版図を拡げようとしたが、その構想が頓挫してしまった。結局、南部領で一揆を煽動したことで家康の機嫌を損ね、「百万石の御墨付き」も反故《ほご》にされた。

## 幕府軍を迎え撃つ体制を整える

関ヶ原合戦後の政宗は、仙台城の普請や城下町の建設、新田開発や河川の改修など、領国経営に力を注いだ。さらに娘の五郎八《いろは》姫を家康の六男・忠輝に嫁がせるなど、徳川家との関係強化もはかった。こうして近世大名への転身をはかる一方で、幕府に対する備えも怠らなかった。

仙台藩の要職についていた者たちの話をまとめた「東奥老士夜話」には、幕府がいつ攻めてきてもいいように、準備を整えていた旨が記されている。政宗は開戦時の対応、幕府軍を迎え撃つ体制などを「御内試（極秘作戦計画）」としてまとめていた。

この「御内試」によると、敵に押されて守勢に転じたあとは牡鹿《おしか》半島方面に敵を誘導することが述べられている。地形が入り組んだ牡鹿半島は、大軍が一気に攻め入ることができない。そのため人質などを匿《かくま》い、ゲリラ的な作戦で対抗するにはうってつけの場所だった。さらに和睦工作に関する記述もあり、家康やその側近を懐柔し、2代将軍秀忠にとりなしてもらう旨が記されていた。

そして和睦工作が失敗した際、政宗が切腹するのは松島にある瑞巌寺《ずいがんじ》と定められていた。松島は三方を山に囲まれ前面は海という要害で、この地に入るには長老坂という難所の峠を越えなければならない。そのため、この地に鉄砲隊を待機させておけば、敵の侵攻を食い止めることができた。仮に「もはやこれまで」となったときも、政宗は静かに最期の時を迎えることができたのである。

こうして幕府軍の侵攻に備える一方で、ひそかに天下取りの機会もうかがっていた。その鍵を握っていたのが、慶長18年（1613）に派遣した慶長遣欧使節である。

政宗は「スペインと通商するための使節を派遣したい」と家康に申請し、大海を渡るための大船建造が認められた。そしてガレオン型帆船「サン・ファン・バウティスタ号」が、幕府の協力を得て造られた。

9月15日、遣欧大使に任じられた支倉《はせくら》常長や幕府の船奉行である向井将監《しょうげん》、フランシスコ会宣教師のルイス・ソテロ、スペイン使節のセバスチャン・ビスカイノなど180名余りを乗せた大船が、牡鹿半島の月ノ浦から出航する。船は太平洋を横断してノビスパニア（メキシコ）のアカプルコに到着し、半年近く滞在してからスペインへと向かった。日本を出発してから1年2カ月の歳月を経て、ようやくスペインの首都マドリードに到着した。

慶長20年（1615）1月、常長はスペイン国王のフェリペ3世に謁見し、11月にはローマ法王にも謁見する。一行は歓待を受け、常長にはローマ市民権証書が授与された。

## 「政宗の野心」を吹聴した宣教師ソテロ

以上が慶長遣欧使節のあらましだが、政宗は単に通商のみの目的で使節を派遣したわけではない。真の目的は、世界最強といわれたスペインと軍事同盟を結び、幕府に対して謀叛を起こすことにあったともいわれている。

しかしながら、常長が軍事同盟締結の交渉をしたという記録は残っていないし、物的証拠もない。そのため「本当に通商だけを求めて船を出した」と主張する向きもあるが、幕府転覆の野望があったという説を完全に否定できるわけではない。

例えば、常長がフェリペ3世に提示した申合条々には「スペイン国王と敵対関係にあるイギリス人やオランダ人、およびその他いかなる国民でも、伊達領内に入ってきた者はすべて裁判にかける」という一条がある。これが政宗のスペイン国王に対する軍事同盟の提案のひとつだったとする向きもある。

使節団の副使で通訳も務めたルイス・ソテロは、政宗の野心に関する文書をいくつも残している。スペインの宰相レルマ公に送付した書簡には「政宗は皇帝（家康）から迫害されている30万人の信徒を部下にして、彼らの助けを受けて皇帝になろうとしている」と書かれており、政宗が隙を突いて天下人になろうとしていることを告げている。

またソテロは、スペイン国王の前で「政宗は自分の領土（奥州）を国王に献上し、軍事同盟を結んで日本全土を制圧したい」と述べたという。これが事実であれば、「政宗はスペインの僕《しもべ》になりたい」ということになる。だがこれらのソテロの話は、スペイン国王に気に入られたい一心でつい

政宗の居城・仙台城。

たウソだったといわれている。

結局、徳川幕藩体制がしっかりと確立されたことで政宗の野望は潰え、政宗を慕う徳川家光が3代将軍に就任すると、政宗は「天下の副将軍」として諸大名ににらみをきかせるようになった。

政宗が天下取りの野心を捨てたのは年齢を重ねたのもあるが、家光が「戦国の雄」として政宗を遇したのも大きかった。二条城に参内する際には御三家でも許されなかった紫の馬の総《ふさ》を与え、江戸城に呼び寄せて合戦での武勇伝などを聞いたりした。そんな家光の姿勢に感銘を受け、「絶対にお守りしよう」という気持ちが自然と湧いていったのかもしれない。

# 4章

# 教科書には載っていない戦国時代の真実

TABOO 23

討ち取られた首の行方

# 目が右方向を向いていたら吉！首実検の表情で吉凶を占った

**戦いが終わったあと、討ち取った首が本物の大将かどうか確かめる首実検を行っていたが、討ち取った首の表情で吉凶を判断していたという。**

## 首実検の前に死化粧が施される

合戦が終わると、落ち武者狩りや首実検、捕虜の処置など、さまざまな戦後処理を行っていた。

落ち武者狩りでは、百姓たちが敵方の逃亡武将を見つけ出し、殺したり、略奪したりする。武将の鎧や刀などを奪い、それを売って生活の足しにしていた。略奪や殺人は法に反する行為だが、戦国時代には「地域自衛」の観点から許されていた。合戦が始まると戦いに駆り出され、田畑も荒らされるなど、百姓たちはとにかく悲惨な目に遭っていた。そのため、自分たちの暮らしを守るために、落ち武者狩りを行っていたのだ。

落ち武者狩りで命を落とした人物には、本能寺の変で織田信長を討った明智光秀がいる。天正10年（1582）6月、山崎の戦いで敗れた光秀は、小《お》栗栖《ぐるす》という場所で百姓の竹藪で討たれた。ちなみに落ち武者狩りは、豊臣秀吉の政策で消滅している。

落ち武者狩りがひと段落すると、今度は戦場の片付けに入る。死者の物具を奪う〝戦場稼ぎ〟から始まり、死者の埋葬・供養を行う。戦場の土木作業を行う「黒鍬《くろくわ》」と呼ばれる人々が、この作業に携わった。

そして大将やその家臣たちは、討ち取った敵将や兵の首実検を行う。部下たちの論功行賞の判断材料にもなるので、大変重要な作業であった。首級の確認は味方の将兵だけでなく、寝返ったり、捕虜になった敵方の人間も携わった。

首実検を行うに際し、まずは首をよく水洗いして血や土を洗い落とす。このとき、身分が低い者の首から洗う決まりになっていた。そのあとに髪を結い直すが、身分が高い者の首は櫛でなでつけてこよりを結った。一方、身分が低い者は左綯《な》いの縄で髪をしばった。このあと、女たちが首に死化粧を施す。顔の傷や首の切断面は米の粉などをふきかけて血止めし、大将首にはお歯黒をつけたりした。

首には名前が書かれた紙札がつけられたが、書き方にも決まりがあった。紙は杉原紙という儀式用の少し分厚い紙か、袋状に折った質の良い紙を用いた。まずは日付を記入し、次に「馬廻衆《うままわりしゅう》」「先鋒衆」など敵の社会的地位を記載する。そのあと少し間を空けて人名を書くが、このとき討ち取った際に用いた武器、助太刀があったかどうかも記す。

また筆の使い方にも作法があり、上段に書く首の名前は文字を太く、墨を薄くする。逆に下段の討っ手の名前は文字を細くするが、墨は濃くしていた。

首を運ぶときにも独特の所作があり、乗馬の際には鞍につけていた。大将など名のある者は鞍の左につけ、雑兵クラスは右につけていた。

## 首祭りを行って首の凶兆を祓う

こうして準備を整えたあと、いよいよ首実検が行われる。大将以下合戦に参加した部下たちが参加して敵の首を見るが、この儀式にも作法があった。首実検を行うときには大将が鎧をまとい、太刀を腰にかける。周りの将たちも弓や槍を持ち、完全武装の態勢で臨んだ。これは、敵方が首を奪い返しに来たときに備えるため、そして死者に対する礼儀という意味も込められていた。

また、当時は「恨みを抱いた首が飛んで噛みつく」と考えられていたため、首と大将の間は4～5メートル離されていた。大将が甲冑《かっちゅう》を身につけるのは、そのときに備えるためでもあった。首と大将の間には午年《うまどし》の鎧武者を立たせ、重籐《しげどう》の弓を持たせていざというときに備えさせた。さらに、大将の左右後ろの者も槍や薙刀《なぎなた》を持ち、戦いに臨む姿勢で構えた。

そして、討ち取った首を使って吉凶の判断も行われた。吉凶の判断は家々によって多少の違いはあるが、目が右方向を向いていれば「吉」、左方向を向いていれば「凶」と判断された。また目線が上だと「凶」、下だと「吉」と判断されたが、甲斐《かい》の武田家では上が「吉」、下が「凶」とされていた。

表情も吉凶の判断材料とされ、両目をつぶっている顔は「仏顔」で「吉」とされた。だが片目をつぶっ

関ケ原合戦後、徳川家康が床几場で首実検をした。最終的に敵の首は東西２カ所の首塚に葬られた。写真は東首塚。

て顔を歪め、歯噛みしているような形相は「凶」とされ、大将には見せなかった。それどころか首祭りというお祓いの儀式を行い、凶兆を祓ったという。

## 3000人の首をさらして敵を恐怖に陥れる

大将に首を見せるときにも、決まった作法があった。首を差し出す際には台の上に乗せ、両側の耳に親指を差し込み、ひざまずいて首の右横顔を大将に見せる。大将は、これを左目で横目を使いながら見る。そして首を見終えると、大将は扇子《せんす》を2～3度動かし、部下に首を持って退出させる合図を送った。その後、主立った者ではない首は一度に並べられ、まとめて検分。これを「首見知り」といい、ひと通り検分したところで首実検は終了となった。

気になるのは、その後の首の行方だが、その多くは首桶に入れられ、敵方に送り返された。そのまま首を打ち捨てた例もあるが、怨霊が畏れられていたこともあってか、それほど一般的な処理の仕方ではなかった。

ただし、極悪人の首となると話は別である。見せしめのため、首が獄門

（晒し首）にされることがあった。晒し首が「獄門」と呼ばれるようになったのは、平治の乱の際、藤原信西の首が牢獄の門の棟からさらされたことが由来とされている。

獄門は明治初期まで行われたが、恐怖心を煽るという点では大変効果的なやり方であった。戦国時代には、大量の首をさらして敵に恐怖心を与えたという例もある。

天文《てんぶん》16年（１５４７）、甲斐の武田晴信（信玄）は信濃の佐久地方を制圧するため、笠原清繁が籠もる志賀城を攻撃する。このとき、関東管領の上杉憲政が志賀城に援軍を差し向けたが、武田軍はこれを撃破し、敵兵３０００人を討ち取った。

そして武田軍は志賀城の兵の士気を削ぐため、この３０００人の首を城下にさらした。「もはや援軍は来ない」ということを、３０００人の首で知らせたのだ。これを見た城兵たちはがく然とし、士気は一気に低下する。まもなく武田軍の総攻撃が始まり、志賀城は陥落した。

戦いのあと、捕虜となった城兵たちは奴隷労働者として扱われ、女子供は売り払われた。さらに笠原清繁の妻は、志賀城攻めで功を挙げた小山田信有の側室にさせられてしまった。

武田家には「人は城、人は石垣、人は掘、情けは見方、仇は敵」という人の心の大切さを説く言葉があるが、一方で「人市《ひといち》」という捕虜の売買所を設け、人の売り買いを行っていた。首を討ち取られるのも地獄だが、生きて敵方の捕虜になっても、地獄が待ち受けていたのである。

TABOO 24

合戦での命令違反はご法度

# 「退却したら御家取り潰し！」知られざる厳しい軍律の世界

**大人数が戦う合戦では、それぞれの軍に軍規という決まりがあった。なかには「退却したら御家取り潰し」など、厳しすぎる軍規も設けられていた。**

## 敵前逃亡は武士としての面子《めんつ》を失う行為

戦いに勝つには、軍の統率と命令の徹底が欠かせなかった。そこで、各軍でそれぞれさまざまな軍規を定めていた。

特に厳しかったのが、退却に関するルールである。敵前逃亡は自軍の面目を失うということで、「退却したら改易（御家取り潰し）」と定める大名家も少なくなかった。武家社会では面子を重んじていたため、罪も重かったのだ。

また、「敵が少しでも見えてきたら……」「味方のピンチを見捨てたら……」など、状況によって軍規が変わるケースもあった。そして改易だけでなく、追放や領地・財産の没収、罰金の刑が科されることもあった。

ちなみに、戦国時代に毛利元就が定めた軍規には、次のようなものがある。

◉戦場で大将の命令に背いた者は不忠義者とみなす

◉敵地に深く入り、敵の姿を見た途端に引き返した者は改易とする

◉敵を追い詰めたときでも、勝手な行動をした者は許されない

◉味方が危機に瀕したときに退却した者は、一番先に退却した者を改易とする

◉大将、戦奉行の命令に背いた者は、どんな忠節があっても不忠とみなす

この軍規は天文《てんぶん》24年（1555）、厳島の戦いの際に出されたものである。少数の兵で厳島に奇襲に仕掛け、陶晴賢《すえはるかた》を撃破した戦いだが、戦略的には一か八かの大勝負だった。そのため、「逃亡は絶対に許さない」という姿勢を

末端の兵士にまで示したのだ。

そして戦いに敗れて退却し、御家取り潰しの憂き目にあった人物として知られているのが、漫画『センゴク』の主人公・仙石《せんごく》秀久である。若い頃から豊臣秀吉に仕え、姉川の戦いや中国遠征などで武功を挙げた。本能寺の変で織田信長が亡くなると、秀久は淡路攻略の任にあたり、秀吉の勝利に貢献した。

こうした数々の武功が認められ、四国攻めの後には恩賞として讃岐《さぬき》一国が与えられた。秀吉子飼いの家臣団の中では、かなり早い段階で国持大名になっている。このまま順調に出世すれば、さらに大きな国を治める可能性もあったが、たった一度の〝敗走〟が、秀久の運命を大きく狂わせることになる。

「肖像集・毛利元就」国立国会図書館所蔵

## 戦場からの逃走で領地を没収された仙石秀久

天正14年（1586）、秀久は九州征伐の先手として出陣する四国勢の軍監に任じられた。十河《そごう》存保《ながやす》や長宗我部《ちょうそかべ》元親・信親父子らの軍勢とともに九州へ渡り、九州をほぼ制圧した島津軍と対峙する。数の上では豊臣軍が勝っていたが、四国勢は戦意に乏しく、全軍が一体になっているというわけではなかった。

焦った秀久はこの状況を打開すべく、島津勢に対して攻撃を仕掛ける判断を下す。これには長宗我部父子が反対したが、秀久は十河存保の同意を得て強行する。こうして戸次川の戦いが始まったが、深入りした仙谷軍に島津軍の主力が襲いかかり、豊臣軍は総崩れとなった。この戦いで長宗我部信親と十河存保が討死し、元親は伊予へと敗走する。

そもそも秀久は、秀吉から「豊後《ぶんご》で防備を固めよ」と命じられていた。そのため、勝手に攻撃を仕掛けて大敗を喫しただけでも処分に値するが、秀久はとんでもない〝大脱走〟を展開する。

軍監でありながら他の諸将を置き去りにして、九州の北端にある小倉城まで退いてしまったのだ。それでも安心できなかったのか、わずか20人余りの家臣団を率いて小倉城を出て、領国である讃岐まで逃げた。まさに、戦国史上まれに見る大逃走劇であった。

当然ながら秀吉は大激怒し、讃岐を没収して高野山に追放した。死罪になってもおかしくない状況だったが、これまでの戦功に免じて死一等を減じられた。

こうして秀久は高野山で隠遁するが、彼の武将人生はこれで終わらなかった。天正18年（1590）、秀久は浪人衆を率いて小田原征伐に馳せ参じ、自ら槍を振るって武功を立てた。秀吉は秀久を許し、信濃国小諸5万石を新たに与える。石高は旧領の半分だが、秀久は大名に復帰することができた。

仙石秀久は、「戦場からの逃走」という大失態を犯しても復帰できたが、じつはこれはかなりのレアケースであった。秀久と同じ秀吉古参の家臣である尾藤知宣《とものぶ》は、改易された秀久の後任として軍監になるが、味方に援軍を出さなかったことで秀吉の怒りを買う。そして所領を没収されたが、小田原征伐の際に秀吉の前に現れ、復帰を嘆願した。だが許されず、最期は下野国《しもつけ》で処刑された。

また同じく秀吉古参の家臣である神子田《みこだ》正治も、小牧・長久手の戦いで戦場を無断離脱するという失態を犯し、高野山に追放されている。彼は九州征伐の際、秀吉に復帰を嘆願するが、許されずに切腹を命じられている。

秀久は再び大名になることができたが、戦場を無断離脱したり、援軍を差し向けなかった者は漏れなく厳罰に処されている。それだけ、戦場では絶対にやってはいけないことだったのだ。

## 兵士の気を引き締めるために厳しい軍規を設ける

秀吉は戦場から離脱・逃走した武将を容赦なく処罰したが、その秀吉も戦場から無断で帰還し、危うく一命を失いそうになった場面がある。

天正5年（1577）、秀吉は上杉謙信軍と対峙する柴田勝家の援軍として北陸に向かうよう命じられる。ところが戦陣で勝家と仲違いし、勝手に陣地を離れてしまう。こうして内部統制がとれないまま勝家は謙信と戦い、大敗北を喫した（手取川《てどりがわ》の戦い）。

これは、死罪を命じられてもおかしくない場面である。信長も秀吉に対して大層ご立腹だったが、結局は許されている。だが秀吉は本気で死を覚悟し、居城の長浜城で盛大な酒宴を開いたといわれている。

戦場からの逃走は、その後の戦いでも「武士道に反する」ものとして厳しく処断された。第二次世界大戦下の日本軍でも、逃走した兵士が軍法会議にかけられずに処刑されたというケースが相次いだ。ちなみに現在の自衛隊でも、敵前逃亡は自衛隊法第122条により、7年以下の懲役または禁固になると定められている。

このように、戦場からの無断離脱は現在でも厳しく処罰されるが、一方で、勝手に抜け駆けすることも禁じられていた。合戦では、誰もが一番槍や一番首の功を立てたいもの。だが勝手に戦いを仕掛ければ、自軍が大混乱に陥るおそれがある。また抜け駆けを許せば、そこから軍規が緩むかもしれない。そのため、ほとんどの戦国大名が抜け駆けを許さなかった。

逃走や抜け駆け以外にも、さまざまな軍規違反があるが、そもそもこのような決まりごとを設けたのは、この時代の将兵が必ずしも主君に忠義を尽くすわけではなかったからだ。忠義の大切さが浸透したのは江戸時代に入ってからのことで、戦国期はより良い待遇を求めて主君を変える者も少なくなかった。合戦でも盗みや博打など、乱暴狼藉を働く輩も多かったため、厳しい軍規を定めるようになったのである。

TABOO 25

鼻も耳も削がれた道三の首

# 父・道三を攻め殺した斎藤義龍、戦国の父殺しはタブーでない?

美濃の戦国大名である斎藤道三は、我が子・義龍に討たれて命を落とす。このとき道三の首は鼻も耳も削がれ、見るも無惨な姿に変わり果てていた。

## 争いが絶えなかった斎藤道三の治世

下剋上の波に乗って美濃《みの》の戦国大名にまで上り詰めた斎藤道三だが、現在ではその国盗りが父子2代で成し遂げられたことが定説になっている。そのため、よく知られている油売り商人のエピソードは父・長井新左衛門尉《しんざえもんのじょう》のものであり、「道三」のものではなかった。

道三は父の後を継いだあと、政敵だった長井景弘を失脚させて台頭し、守護代である斎藤氏の名字を拝領して斎藤新九郎利政（後に出家して道三と改名）と名を改めた。そして守護の土岐《とき》氏を追い出し、美濃一国を手中に収めた。

だが国主としての道三は、必ずしも優れていたわけではなかった。天文《てんぶん》4年（1535）頃、道三は守護の土岐頼武を追放して弟の頼芸《よりなり》を新たな守護に迎えた。しかし守護代の斎藤利隆が執拗に抵抗するなど、美濃国内は不安定な情勢が続いた。

加えて越前《えちぜん》の朝倉孝景が追放された頼武を支援し、稲葉山城の北方約15キロにある大桑城に頼武が入城する。大桑城は近年の発掘調査で非常に防御性に秀でていたことが判明しており、道三にとっては目の上のたんこぶのような存在だった。

天文10年（1541）、道三は土岐頼満（頼芸の弟）を毒殺するが、これにより今度は守護・頼芸との争いが勃発する。激しい抗争の末に道三が勝利し、頼芸は尾張《おわり》へと逃亡した。こうして道三は、事実上の美濃国主にまで上り詰めたのである。

だが天文13年（1544）、朝倉孝景と織田信秀が北と南から同時に美濃へと攻め込んでくる。朝倉・織田連合軍は2万5000という大軍で、道三の居城である稲葉山城の城下まで攻め寄せてきた。また前守護の頼芸も揖斐《いび》北方城に入り、復活の機会を虎視眈々とうかがっていた。

このとき、道三は少数の兵で朝倉・織田連合軍を撃退しているが、一方で稲葉山城下を焼き払われるなど、多大な被害をこうむっている。その後も朝倉や織田がたびたび侵攻し、そのたびに対処しなければならなかった。その結果、美濃の国土は荒廃の一途をたどり、民衆は敵ではなく国主の道三に対して不満を抱くようになった。そこで娘の帰蝶《きちょう》（濃姫）を織田信秀の嫡男・信長に嫁がせる婚姻政策で同盟を結び、とりあえず急場をしのいだ。

天文21年（1552）、道三は揖斐北方城にいた頼芸を追放したが、これにより美濃国内は再び内乱状態となる。この時期、長良川が氾濫して多くの領民が餓死したが、混乱に乗じて近江《おうみ》の六角承禎《しょうてい》が攻め込んできた。美濃から追放された頼芸は六角氏のもとに身を寄せていたが、承禎は頼芸を再び美濃の国主に据えるため、攻撃してきたのである。道三は六角勢を撃退したが、他国から何度も侵攻されたことで、家臣や国人たちが「道三様が国主で大丈夫なのだろうか?」と、その器量を疑うようになった。

こうして天文23年（1554）3月、国主失格の烙印を押された道三は、斎藤家の家督を長男の義龍《よしたつ》に譲った。だがこれが、父子による骨肉の争いの序章となったのである。

## 父と子による骨肉の争い

義龍の母・深芳野《みよしの》は、道三の側室になる前は土岐頼芸の愛妾だった。頼芸が褒美として道三に与えたのだが、このとき彼女がすでに義龍を身ごもっていたという話がある。自分が頼芸の子と知った義龍は道三を恨み、父を討つきっかけになったというのだ。しかし、これは江戸時代末期に創作された話で根拠はない。

隠居後、道三は正室・小見《おみ》の方が産んだ孫四郎（道三の次男）や喜平次（道三の三男）を「利口者」と寵愛し、義龍を「耄者《おいぼれ》」と侮るようになる。喜平次には「一色右兵衛大輔」を名乗らせ、兄の義龍を差し置いて名門の家柄である一色氏の姓と官途を与えた。「このままでは父によって廃嫡され、弟が斎藤家の家督を継ぐことになる」と危機感を抱いた義龍は、弘治元年（1555）11月、寵臣の日根野弘就《ひろなり》に命じて孫四郎と喜平次を謀殺した。

子供たちの死を知った道三は急ぎ兵を集め、稲葉山城下を焼き払って大桑城に入った。そして家臣たちに参陣を促したが、道三のもとへ馳せ参じた兵は2700ほどだった。一方、義龍には1万7000の兵が集まり、西美濃

斎藤道三を葬った道三塚。写真／岐阜市

三人衆（稲葉良通・安藤守就《もりなり》・氏家卜全《ぼくぜん》）ら重臣たちも義龍に味方した。道三は主君を殺害・追放したり、家を乗っ取るなどして美濃国主にのし上がったが、それゆえに彼に恨みを抱く者が少なくなかったのだ。

## 鼻と耳を削がれた道三の首

年が明けて弘治2年（1556）4月、両軍は長良川《ながらがわ》を挟んで対陣する。道三勢は義龍勢先手の竹腰道塵《たけのこしどうじん》を討ち取り、序盤は戦いを優位に進めた。しかし兵力の差は如何ともし難く、次第に義龍勢が押し気味になってくる。道三勢は総崩れとなり、長井忠左衛門道勝という武士が道三に組みついてきた。道勝は道三を生け捕りにしようとしたが、そこに小牧源太という武士も現れ、道三を押し伏せて首を討った。さらに林主水《もんど》という人物も加わり、3人の手柄争いが始まった。

源太が「最初に首を討ったのは俺だ」と譲らず、怒った道勝は「俺が最初に槍をつけた。その証拠を奪ってやる」と道三の鼻を削ぎ落とし、源太は耳を奪い取った。こうして首実検の際には、鼻と耳をもがれた無惨な道三の首が義龍の前に現れた。

道三の首を見た義龍は急に父殺しの罪悪感に襲われたようで、「我が身の不徳より出た罪」と出家を宣言し、「范可《はんか》」と名乗るようになった。『信長公記《しんちょうこうき》』には、「中国・唐の時代にやむをえない事情で父親を殺した人物の名前」とある。義龍は自分の境遇と重ね、この名前を用い始めたようだ。

また義龍は、一色氏を称して「一色左京大夫《さきょうだゆう》」と名乗っている。これは父殺しの汚名を避けるため、自己の正当性を主張するために名乗ったといわれている。これにより美濃の国人たちをまとめることができたという。

道三の死後、義龍は進歩的な政治を行った。宿老制を導入し、6人の重臣がさまざまな取り決めをするようになった。これは道三が独善的な政治を行い、家臣や国人たちの支持を失い隠居させられたからだ。他の戦国大名と同じように印判状を発給し、戦国大名としての基礎固めを行った。

また知行（領地）をすべて貫高という統一単位で記録し、複雑だった支配機構を整理した。これにより、義龍は領内の生産力を正確に把握できるようになる。そしてこの貫高で出た領地の生産高から、一定の基準で公平に軍役を課していった。

一方、外交面では幕府に働きかけ、治部大輔《じぶたいふ》という官職を授かった。さらに永禄2年（1559）には、将軍の相伴衆《しょうばんしゅう》（将軍が他家へ訪問する際にお供をする役職）に列せられている。義龍は官職を手に入れることで斎藤家の家格を高め、父殺しの汚名を払拭させることができた。これまでは「義龍＝凡庸」というイメージが強かったが、義龍の諸政策を見れば、彼が有能な君主だったことがわかる。

だが永禄4年（1561）、義龍は35歳の若さで病死する。人々は、「親殺しの報いだ」と噂したという。尾張では織田信長が今川義元を破って台頭の兆しを見せていたが、義龍存命中は美濃への侵攻を許さなかった。信長が稲葉山城を攻略し、美濃を平定するのは義龍が没してから6年経った永禄10年（1567）のことであった。

TABOO 26

大人と美少年の性的関係

# ルイス・フロイスが書き残した戦国「同性愛・少年愛」の世界

戦国の世の日本では、武将が美少年を寵愛する慣習があった。宣教師ルイス・フロイスも書き記した「男色」の世界とは、一体何だったのだろうか？

## 公家や僧侶の男色《なんしょく》文化が武家にも流入

戦国時代には、少年愛という形で同性愛が存在していた。「男色」「衆道」ともいわれ、世の中が貴族社会から武家社会に転じる鎌倉時代には、すでに存在していた。最初は戒律が厳しい僧院において、年配の僧侶が少年僧を寵愛する姿が見られた。男色の関係は、男だけの生活空間で生まれやすかったようだ。

永禄5年（1562）に来日した宣教師のルイス・フロイスは、日本の僧侶について次のように述べている。

「僧たちは、子供たちに教養や正しい礼儀作法を教える。弾奏や唱歌、遊戯、撃剣などを教え、また彼らと忌わしい行為をする」

ここでいう「忌わしい行為」とは同性愛のことで、9〜12世紀にキリスト教の僧院で行われたように、禁欲の世界で同性同士の〝愛〟が営まれていたのだ。ただし当時の男色や衆道は、現在の男性間で行われるような同性愛とは意味合いが異なる。あくまで成人男性が少年児童を愛でるものであった。

最初は公家や僧侶の間で流行っていた男色文化が、室町時代に入ると武家社会にも流入する。幕府を京に置いたことで武家と公家・僧侶の文化が交わり、武家社会の「主従関係」と融合して「衆道」の世界が発展していった。

武家の男色の草創期を代表する人物が、室町幕府3代将軍の足利義満である。彼は武家・公家・寺社の文化を融合させた北山文化を確立したが、その過程で男色の習俗も身につけるようになったと考えられている。特に義満が寵愛したのが能楽の創始者・世阿弥《ぜあみ》で、パトロンとして能楽の発展に貢献した。また少年兵を「花一揆」と称して美しく飾り立て、大将の護衛にしたという話もある（『太平記』）。

## 男色批判でピンチに陥ったザビエル

戦国時代に入ると、大名たちが美少年を小姓として召し抱えるのが当たり前になっていたが、その一方で、キリスト教の宣教師たちは男色文化に批判的だった。

現在、欧米を中心に同性婚をめぐる議論が活発になっているが、「何であんなにヒステリックになっているんだろう」と不思議に思う日本人も少なくない。日本人がそのように思ってしまうのは、仏教がキリスト教に比べて同性愛に対し寛容だったからだ。事実、仏教国のタイは世界屈指の「ゲイフレンドリー」な国として知られている。

キリスト教では同性愛は「罪深いもの」とされ、同性愛者は「異常者」とみなされてきた。現在では「同性愛もただの性的嗜好」として認めようとする動きも出ているが、戦国時代の宣教師たちにとって同性愛は「認めがたいもの」であり、なかには男色文化を一掃しようとする者もいた。

フロイスの『日本史』には、日本に初めてキリスト教を伝えたフランシスコ・ザビエルが、「男色」に関する発言をして山口の大内義隆を怒らせたというエピソードが記されている。

天文《てんぶん》18年（1549）に来日したザビエルは、最初は薩摩で宣教活動を行い、次いで平戸でキリスト教の教えを広めた。そして天文19年（1550）11月、ザビエル一行は山口に入った。彼らは大内家臣の招きで国主・大内義隆に謁見するが、その場でザビエルは男色を手厳しく非難した。

「このようないやらしいこと（男色）を行う人間は、豚よりも穢《けが》らわしく、犬やその他の道理をわきまえない禽獣《きんじゅう》よりも下劣です」

しかし、この発言が男色を好んでいた義隆の怒りを買い、ザビエル一行は城から追い出されてしまう。一説には、義隆は陶《すえ》晴賢《はるかた》や小早川隆景などを寵愛していたといわれている。性的嗜好を真正面から否定されたことで、義隆は激昂してしまったようだ。

普通ならば、ここで山口での布教はあきらめるところだが、ザビエルは城から追い出された次の日には、義隆の許可を得ないまま山口で布教活動を行っている。その後、一度は山口を離れて京に移ったが、その後、再び山口に入って義隆に布教の許可を求めている。

なぜザビエルは再び山口にやってきたのか？　それは、当時の山口が大変

織田信長といえば、森蘭丸を寵愛したことでも知られる。「新形三十六怪撰・蘭丸蘇鉄之怪ヲ見ル図」国立国会図書館所蔵

富貴な町だったからだ。ザビエルは「日本の都である京都で宣教活動を行えば、信者の数は劇的に増加するだろう」と考えていたが、当時の京はかなり荒れ果てており、思うような宣教活動ができなかった。そのため京よりも栄えていた山口に腰を据え、布教活動を行おうとしたのだ。

だがそのためには、国主・義隆の勘気を解かなければならない。そこでザビエルは天皇に献上しようとしていた珍重品（望遠鏡、置き時計、メガネ、絵画、鏡、小銃など）をことごとく義隆に献上する。これにより山口での宣教が認められ、2カ月の宣教活動で約500人もの信徒を獲得した。

このエピソードは、何十年も経ってからフロイスが書き記したものである。そのため、話の信憑性には疑問がある。フロイスの上役にあたるヴァリニャーノも「フロイスには誇張癖がある」と指摘していることから、フロイスが話を盛ったり、でっち上げた可能性もある。しかし、当事者であるザビエルも「日本では男色が横行していた」と記録に残していることから、男色が盛んだったことは間違いないだろう。

## 若衆にラブレターを送った武田信玄

戦国時代に男色の風潮が広まった背景には、合戦の存在があった。戦場には女性の姿がほとんどなく、「男だけの生活空間」が形成されていた。そのため大将クラスを中心に、男色が蔓延したと考えられている。

だが中には、「毘沙門天《びしゃもんてん》の力を借りるために女色を断ったが、男色は断たなかった」という上杉謙信のような例もある。謙信と交流があった公家の近衛《この え》前久《さきひさ》は「謙信が若い衆と酒を飲むのを好んでいた」と証言しており、衆道のたしなみがあったことをうかがわせている。

また謙信のライバルである武田信玄の場合は、男色に関してより鮮明な史料が残されている。信玄は春日源五郎（のちの春日虎綱）という若者を寵愛していたが、他の小姓に手をつけていたことが発覚してしまう。そこで信玄は、次のような文書を書いて源五郎に弁明をしている。

「私は過去に弥七郎に言い寄ったことはあったが、弥七郎は腹痛を理由に断ったので、今まで彼と関係を持ったことはない。もし嘘ならば、甲斐《かい》の一宮、二宮、三宮大明神、富士山、白山、さらには八幡大菩薩《はちまんだいぼさつ》、諏訪上下大明神の罰を受ける」

これは一種のラブレターのようなもので、このような文書が残ること自体珍しいとされている。

他にも織田信長や徳川家康など、名だたる戦国大名が美少年と関係を結んでいる。信長の場合は森蘭丸や万見仙千代、徳川家康は井伊直政などが〝お相手〟として有名である。ただし、「三英傑」の1人である豊臣秀吉は、男色には一切興味を示さなかった。秀吉は純粋な武家の出身ではなかったため、衆道の世界が理解できなかったようだ。

その代わり無類の女好きで、特に身分が高い女性を好んだ。秀吉には「武家出身ではなく、出自が低い」というコンプレックスがあったが、その裏返しで高貴な女性を求めるようになったという。

TABOO 27

不吉を恐れた戦国武将たち

# 甲冑は北向きに据えてはいけない知られざる戦国の掟！

**合戦では、戦いに勝つためにさまざまなゲン担ぎを行っていた。特に方角には必要以上に気を遣い、敗北につながる北は絶対に避けるようにしていた。**

## 細心の注意を払って執り行った出陣式

合戦を始める際には、どの武将も「出陣式」という儀式を行う。出陣式が上手くいけば、兵の士気も大いに高まるが、逆に不吉なことが起こると、兵の士気は下がってしまう。そのため、出陣式には必要以上に気を遣った。

通常の出陣式は、神社や城内で執り行われる。式では大将が酒を3度注いでもらって飲み干す「三献の儀」を行うが、その際の酒肴《しゅこう》は1杯目に栗、2杯目に鮑《あわび》、3杯目に昆布を用意した。この3種の肴《さかな》には「敵を討ち（打ち鮑）、勝ち（勝ち栗）、喜ぶ（よろ昆布）」という意味が込められていた。これらがないときは、「人切れ」という意味から一切れの漬け物が用意された。

また出陣の儀式では、縁起がよいとされる「三」「五」「七」といった奇数字をよく用いた。ただし、「九」は「苦」を連想することから、それほど使われていない。出陣式で出される肴も、鮑が7枚、栗が7個、昆布が5切れというのが一般的だった。ちなみに『随兵之次第之事《ずいひょうのしだいのこと》』という史料には、「酒は2杯目までは飲む仕草だけして、3杯目で初めて飲む」「酒肴は食べたふりをして膳の端に置いてもよい」などと記されている。

通常であれば、大将は床几《しょうぎ》にどっしりと腰掛けて出陣の儀式に臨む。立ちながら食事するのは葬儀の際に行うものとされ、不吉とみなされていた。だが中には、立ちながら食事をとる武将もいる。その代表例ともいえるのが、織田信長である。

『信長公記《しんちょうこうき》』には、信長が桶狭間《おけはざま》へ出陣する際、立ちながら食事したことが記されている。一世一代の大勝負に気が昂《たかぶ》り、座ってなどいられなかったようだ。また信長は酒を飲んで出陣しているが、古神道では酒に霊力が宿るとされており、人が飲むことで神そのものを体内に呼び込むという観念もあった。あの信長も、古来の呪術性は無視できなかったようだ。

## 合戦ではとにかく北を避けるようにする

三献の儀が終わると、大将に鎧や兜《かぶと》を身につけさせるのだが、介添えをする者は必ず左回り（反時計回り）で動いた。右回り（時計回り）は逃走につながるとみなされていたからだ。

こうして準備を整えたあと、大将は右手に軍扇《ぐんせん》、左手に弓

を持って兵たちの前に現れ、「えい、えい、おう」と声を上げる。これに兵たちが呼応し、3回繰り返す。この鬨《とき》の声が大きいと、戦いに勝つ確率が上がるといわれていた。

ひと通り儀式が終わると、大将は馬に乗るのだが、ここでも縁起が担がれていた。大将の馬を厩《うまや》から出すとき、人が乗っていないときに嘶《いなな》くのは吉、大将が鐙《あぶみ》をかけた直後に嘶くのは凶とされた。大将はいったん馬から降りるか、

「大日本歴史錦繪・真田勇士揃」国立国会図書館所蔵

鞍上で馬の腹帯を締め直した。また大将が乗った馬が後退したり、逃走につながる右回りをしたら、いったん馬から降りて乗り直すほどであった。

このように、馬に乗るだけでこれだけ神経質になるのだから、大将が落馬したら一大事である。味方の兵も「今回の戦は負けるかも……」と不安を抱き、士気が著しく下がってしまう。そのため、ときには出陣式をやり直すこともあった。例えば『駿河実記《するがじつき》』には、「海道一の弓取り」と称された今川義元の落馬エピソードが記されている。

永禄3年（1560）5月19日、信長を討つため尾張に入った義元は、馬に乗って出陣しようとする。ところが馬から落ち、急遽塗り輿に乗って出直した。信長が酒を引っかけてから出陣したのは、ちょうどこの頃であった。その後の結果は言うまでもないが、桶狭間の戦いで義元は信長に討たれ、志半ばでこの世を去った。出陣前の〝不吉な予感〟が、図らずも的中してしまったのだ。

このように、出陣の際にはあれこれと気を遣ったが、東西南北の方角にも吉兆と凶兆があった。方角の中でも東と南は吉とされ、出陣式も東や南を向いて執り行われた。一方で、北は不吉な方角とみなされていた。大将が甲冑を身につける際も、北を向かないようにしたという。合戦でも、大将が必ず東か南を向いて座れるよう陣が組まれた。そして敵が北から現れたときも、わざわざ東か南に出てから方向転換するほどだった。

このように、北は「縁起が悪い方角」とみなされているが、これは死者を北枕（北の方角に頭を置く）で寝かせる習慣があったからだ。北枕の風習は、仏教の祖である釈迦が入滅したとき、北の方角に頭を置いて横になったこと（図北面西《ずほくめんせい》）が由来となっている。現在でも北枕を避ける人は少なくないが、一方で、北向きで寝るのは身体にいいともいわれており、風水では「運気が上がる寝方」とされている。

## 出陣前の性交はNGだった!?

合戦に関するタブーには、他にも女性にちなんだものがある。合戦は男だけが参加すると思われがちだが、じつは女性も参加することがあった。ただし接近戦だと分が悪いので、人手不足の際には女鉄砲部隊が登場したという。

女性が戦いに参加した話でよく知られているのが、天正10年（1582）の高遠城の戦いである。天下を半分近く手中に収めた織田軍が武田領に攻め込み、ついに南信濃《しなの》の重要拠点である高遠城まで迫った。城を守っていたのは武田勝頼の異母弟・仁科盛信で、織田軍は降伏を促したが盛信はこれを拒否。壮絶な攻防戦が繰り広げられた。盛信の軍勢は最後まで奮戦するが玉砕し、城の女性たちも武器を持って戦った。だが彼女たちも織田の軍勢に討ち取られ、ついに城は陥落した。

非常時には戦いにも参加したが、普段の合戦ではおもに裏方を務めた。食事の用意や鎧・武器の修理、味方が討ち取った首の整理などを行い、男たちの戦いをサポートしていた。しかし、妊娠中の女性や産後すぐの女性、生理中の女性が、武具や武者たちの身体を触るのはタブーとされた。これを破った武将は討死するといわれていたのだ。出産や生理には出血がつきものだが、これが不吉とみなされていたのだ。

そして出陣前の性行為も、やってはいけないタブーであった。特に出陣前の3日間は、女性を近づけるのもはばかられた。ただし、出陣後の性交は問題なかったようで、「御陣女郎」と呼ばれる売春婦たちが相手をした。陣中でコトに及ぶのは憚られたようで、近くに仮小屋を建て、そこで武者たちの〝夜の相手〟を務めたという。戦いに入ると血気盛んになるので、ときにはこうした息抜きも必要だったようだ。

TABOO 28

日本の土地を外国人に売り渡す

# 領民を海外に売り飛ばした!?キリシタン大名・大村純忠の暴走

**日本初のキリシタン大名・大村純忠は、信仰が昂じたせいで〝売国奴〟と思われるような行動に走ってしまう。その結果、伴天連追放令が発布されることになる。**

## 植民地化計画の一翼も担っていたイエズス会

日本におけるキリスト教の歴史は、天文《てんぶん》18年（1549）、イエズス会宣教師のフランシスコ・ザビエルが日本に上陸したことから始まる。薩摩から平戸、山口、豊後《ぶんご》などで布教活動を行い、日本での宣教活動の礎を築いた。

ところが豊臣秀吉や徳川家康といった天下人によってキリシタン追放令が

出され、江戸幕府の鎖国体制が完成すると、日本での宣教は事実上不可能になる。権力者たちが布教を禁じたのは、「このままキリスト教を放置しておくと、いずれスペインかポルトガルに征服されるかもしれない」という危機感があったからだ。

ザビエルが属したイエズス会は、単にキリスト教を伝えるための組織ではない。軍隊出身のイグナチオ・ロヨラが中心となって創設されたカトリックの改革派組織で、当時著しく飛躍していたプロテスタントの勢力拡大阻止を目的としていた。そして「カトリックの教えを世界各国に広めれば、プロテスタントに勝てる」と考え、世界中に宣教師たちを派遣する。日本にやってきたザビエルも、その1人であった。

このイエズス会の宣教は、ポルトガルの植民地化政策や貿易活動とセットになっていた。資源が豊富な国には宣教師を送り込んだあとに商人を送り、最後に軍隊を投入して先住民たちを支配し、植民地を拡げていったのだ。そして「黄金の国ジパング」と形容された日本にも、イエズス会とポルトガルの魔の手が忍び寄ることになる。

ザビエルが去ったあともイエズス会の宣教師たちは続々と来日し、布教活動に努めた。大名たちは領内での布教活動を認めたが、彼らの狙いは南蛮国との交易にあった。武器や生糸、綿織物、鉛《なまり》などを輸入し、代わりに銀や刀剣、屏風《びょうぶ》などを輸出した。特に銀は最盛期には世界の約3分の1を占め、ポルトガル人が日本との交易を「ナウ＝ダス＝プラータス（銀の船）」と呼ぶほどだった。

## キリスト教信仰を強制した大村純忠《すみただ》

大名の中にはキリスト教に入信してキリシタン大名になる者もいたが、特に熱心だったのが、肥前長崎を治める大村純忠である。

純忠は肥前の戦国大名である有馬晴純《はるずみ》の次男として生まれたが、幼くして大村家の養子となり、18歳で家督を継いだ。ちなみに純忠と同じキリシタン大名の有馬晴信は、純忠の甥にあたる。

当時の大村家は肥前佐嘉《さが》の龍造寺隆信など、周辺の大名から圧迫され続けていた。そこでキリスト教勢力と手を組み、事態の打開をはかろうとする。

永禄4年（1561）、松浦氏が治めていた平戸港でポルトガル人の殺傷事件が起こり、貿易商たちは新たな寄港地を求めていた。そして大村領の横瀬浦に目をつけ、純忠に船舶入港の許可を求めてきた。大村家にとってまさに「渡りに船」の申し出で、純忠は横瀬浦を南蛮人に提供するだけでなく、彼らの住居まで便宜をはかった。その結果、横瀬浦は貿易港として栄え、大村家の財政も潤うようになった。

純忠は、南蛮の人々と交流する過程でキリスト教にも興味を示すようになる。そして永禄6年（1563）、トルレス神父から洗礼を受けて入信した。領民たちにも信仰を推奨するようになり、最盛期には領内の信者数が6万人まで膨れ上がった。これは日本全国のキリスト教信者の約半数に相当したという。

だがキリスト教に魅せられる一方で、仏教や神道には憎悪の念を抱き、圧迫するようになる。受洗の翌日、純忠は武士の守護神として崇拝されていた摩利支天《まりしてん》像を破壊し、像を安置していた御堂を焼き払ってしまう。そのあと立派な十字架をその場に建て、戦勝を祈るようになったという（『日本史』）。

さらに夏の盆会《ぼんえ》では、先祖の位牌を焼き払い、祭壇に十字架の像を飾った。また領内の神社仏閣をことごとく破壊し、先祖の墓まで打ち壊してしまう。さらに改宗しない領民や僧侶、神官などを相次いで殺害したことで、家臣や領民の不満はピークに達した。

純忠に恨みを持つ家臣たちの襲撃で横瀬浦は焼き払われ、大村家は家中が分裂する事態となる。だが純忠によってクーデターは鎮圧され、今度は長崎

長崎県・有馬に設置されたイエズス会の教育機関セミナリヨ跡。

に港を開いて南蛮人を受け入れた。それまで寒村だった長崎はにぎやかな港町へと変貌し、教会堂などのキリスト教施設も次々と建てられた。しかし、周辺勢力との争いは絶えず、長崎港はたびたび攻撃の対象となってしまう。そこで西洋の武器を調達してこれに対抗したが、武器を手に入れるため、改宗しない者を奴隷として売り払ったといわれている。

明治から昭和にかけてジャーナリストとして活躍した徳富蘇峰《そほう》の『近世日本国民史』初版には、豊臣秀吉の朝鮮出兵に従軍した人物の見聞録が掲載されているが、そこには次のようなことが記されている。

「キリシタン大名や小名、豪族たちは火薬欲しさに女たちを南蛮船に運び、獣《けもの》のごとく縛って船内に押し込むゆえに、女たちが泣き叫び、わめくさま地獄のごとし」

さらに、女性ジャーナリストの山田盟子が著した『ウサギたちが渡った断魂橋』には、「約50万人の日本人女性が連れ去られ、奴隷として売り払われた」とある。ただし、50万人という数字は誇張された表現のように思われる。

## 長崎の土地をイエズス会に寄進する

果たして何人の日本人が海外に売り飛ばされたのかは定かでないが、純忠が長崎港周辺の土地をイエズス会に寄進したことは、れっきとした事実である。土地がイエズス会のものになれば、周辺勢力も攻めようがない。純忠は自分の家を守るため、土地を寄進したのだ。

その後、純忠は龍造寺隆信への従属を余儀なくされるが、沖田畷《おきたなわて》の戦いで隆信が戦死したことで、龍造寺の支配から解放される。そして豊臣秀吉が九州攻めを敢行すると、純忠は秀吉に従い本領を安堵された。だがこのとき、純忠の身体は病魔に冒されていた。

天正15年（1587）6月、日本で初めてキリシタン大名となった大村純忠は、55歳でその生涯を閉じた。彼はキリスト教の繁栄を祈りながら昇天したが、その直後に伴天連《ばてれん》追放令が発せられた。秀吉が追放令を発したのは、純忠がイエズス会に長崎の土地を寄進したのも一因だったとされているが、他にも理由がある。

九州征伐の際、日本イエズス会の準管区長だったガスパール・コエリョはフスタ船（ポルトガルの小型帆船）に大砲を積み込み、秀吉を挑発した。イエズス会の中でも極端なタカ派だったコエリョは、キリシタン大名を支援するため、フィリピンに艦隊の援軍を求めたこともあった。こうしたコエリョの行動も、伴天連追放令が出る一因となった。

長崎が宣教師たちの土地になったことに激怒した秀吉は、大村家から長崎を召し上げて自身の直轄領にしてしまう。これにより領国経営が厳しくなった大村家は、ひたすら秀吉に臣従するため、領内に禁教令を布くようになる。純忠の子・喜前《よしあき》は、かつて父にならって洗礼を受けたキリシタンだったが、のちに棄教してキリシタン弾圧の急先鋒となった。だがこれがキリシタンの恨みを買い、元和《げんな》2年（1616）、キリスト教徒によって毒殺されてしまった。

TABOO 29

離島の小国が果たした大きな役割

# 日朝両国の国書を偽装し続けた対馬・宗氏の対朝鮮交渉

**朝鮮出兵で傷ついた日朝関係を修復するため、対馬の宗氏は外交交渉に奔走する。だがその過程で国書を偽造し、御家騒動でそれが白日の下にさらされてしまう。**

## 朝鮮出兵で秀吉に翻弄された対馬《つしま》の宗氏

古くから対馬を支配し続けてきた宗氏は、朝鮮王朝と友好関係を結び、対朝鮮貿易で生計を立てていた。山が多くて耕地が少ない対馬では、貿易の利益が命綱だった。室町時代初期までは守護大名や商人が独自に貿易を行っていたが、次第に宗氏が日本側の窓口役を一手に担うようになった。

戦国期には九州本土への進出もはかった宗氏だが、大友氏や龍造寺氏に阻まれてしまう。その後、豊臣秀吉が九州に攻め込むと、臣従して対馬の本領を安堵された。だが秀吉は「1年以内に朝鮮国王が日本に従属する交渉をまとめなければ、朝鮮に出兵する」と無理難題を押しつけるなど、対朝鮮交渉で宗氏をたびたび翻弄した。秀吉は全国を統一後に海を越え、朝鮮や明まで支配しようと考えていたのだ。

天正17年（1589）、秀吉は宗氏の当主である宗義智《よしとし》を通し、全国統一を祝う通信使を送るよう朝鮮側に要請する。ところが朝鮮側は「秀吉が日本国王の地位を簒奪した」とみなし、通信使を派遣しなかった。翌年、朝鮮は通信使を派遣したが、義智は「服属のための使節です」とウソの情報を秀吉に伝え、どうにか穏便に済ませようとした。

だが朝鮮側が服属したと思った秀吉は、気が大きくなったのか、朝鮮の使節に対して「明を攻めるので道案内をせよ」と命じてしまう。何も事情を知らない朝鮮側がこれを拒むと、秀吉は「明の前にまずは朝鮮を征伐する」と宣言し、戦いの準備をするよう諸大名に命じた。義智の配慮は、完全に裏目に出てしまった。

しかし、朝鮮と戦うことになれば、対朝鮮貿易に依存する宗氏の生計は成り立たなくなる。そこで義智は朝鮮を訪ね、「このままでは日朝両国が争うことになるが、そうなれば一大事だ」と説得するが、秀吉の無礼な振る舞いに腹わたが煮えくり返っていた朝鮮側は、義智に対して何の返答も寄越さなかった。こうして交渉は決裂し、文禄元年（１５９２）、秀吉は朝鮮出兵（文禄の役）を敢行する。義智は一番隊に属して朝鮮と戦った。

日本軍が朝鮮半島に築いた順天倭城。

朝鮮側は戦いの準備をしていなかったこともあり、序盤は日本軍が快進撃

を続けた。だが明の援軍が駆けつけると停滞し、苦境に立たされるようにな
る。その後、舅《しゅうと》の小西行長とともに明側と和平交渉を行うが、双方が求める
和平条件はあまりにかけ離れており、交渉は困難をきわめた。
　結局和平は成立せず、再び朝鮮との戦いが始まった（慶長の役）。義智も
日本軍の一員として戦ったが、慶長3年（1598）、秀吉が亡くなったの
を機に撤退した。

## 日朝国交回復を急いで国書を偽造

　関ヶ原の戦いでは西軍についた義智だったが、日朝関係の修復を急ぐ徳川
家康の意向により、宗氏は所領を安堵された。そして徳川政権の下で、日朝
の国交回復交渉に励んだ。
　義智が注目したのは、日朝の争いで捕虜になった多くの朝鮮人である。彼
らの返還を条件に、国交を回復させようとしたのだ。しかし、朝鮮側の日本
に対する不信は予想以上に根深かった。交渉は難航したが、慶長9年（16

04）、朝鮮側は義兵軍のリーダーとして日本軍と戦った松雲大師《しょううんだいし》（惟政《いせい》）を「探賊使」として派遣した。
義智は松雲大師ら朝鮮側の一行を連れて上洛し、伏見城で家康と会見した。この会見で家康は日朝友好の必要性を熱心に説き、松雲大師らを感服させた。こうして日朝関係は修復に向けて大きく前進したのだが、朝鮮側は宗氏に対し2つの講和条件を提示し、これがその後の騒動の発端となる。

朝鮮側の条件とは、「文禄・慶長の役の際に朝鮮国王の陵墓を荒らした犯人を引き渡すこと」「日本国王（将軍）の側から先に国書を朝鮮国王に送ること」の2つだが、前者に関しては対馬にいた罪人2人を犯人としてでっち上げ、朝鮮に送ることで解決させた。しかし、問題は2つ目の要求である。将軍の側から国書を送るということは、幕府が朝鮮に屈することを意味していた。幕府側がこの条件を呑まないのは、誰の目にも明らかだった。

ところが日朝貿易の再開を急いでいた宗氏は、独断でこの条件を受け入れてしまう。家康の国書を偽造し、国王の捺印までして朝鮮に送ったのである。

朝鮮側も宗氏が細工を仕掛けていたことに気づいてはいたが、突っぱねることはしなかった。なぜなら、朝鮮側も日朝関係を修復させ、日本に連れ去られた朝鮮人捕虜を帰国させたかったからだ。日本に連れ去られた朝鮮人は5万人もいたとされ、朝鮮の朝廷には帰国を願う家族からの嘆願書が無数に届いていたという。

慶長12年（1607）1月、朝鮮はこの国書に返答するための使節団を日本に派遣した。しかし使節団が持参した国書は、義智が偽造した国書に対するものであり、これをそのまま幕府に渡すわけにはいかない。そこで義智は朝鮮側の国書も偽造し、すり替えて2代将軍秀忠に渡したのである。

## 「柳川一件」で国書偽造の事実が知れわたる

朝鮮側の使節一行は江戸城で秀忠に謁見し、国書と宝物を献上した。その後、一行は駿府《すんぷ》城に立ち寄り、大御所家康の歓待を受けて帰国の途についた。義智は一行を対馬から江戸に送り届ける役目を果たしたが、道中は「国書の偽造が発覚するのでは」と冷や冷やしていたに違いない。

その後も義智は両国の国書を偽造し続け、ついに朝鮮との和平条約（己酉《きゆう》約条・慶長条約）を成立させる。条約締結の功績を賞された義智は、幕府から独立した形で朝鮮と貿易を行うことが許された。国書偽造は重大な罪である。だが義智が間で工作していなければ、この条約は締結されていなかったかもしれなかった。

慶長20年（1615）、義智は48歳でこの世を去り、嫡子の義成《よしなり》が後を継いだ。「柳川一件」と呼ばれる宗氏の御家騒動が起きたのは、この義成の時代である。

日朝間の国書のやり取りはその後も行われたが、義成も国書を偽造・改ざんし、日朝間に波風が立たないよう努めた。双方の体面を保つために行っていたことではあるが、だからといって何度も変えていいというわけではない。そしてついに、この国書偽造が白日の下にさらされることになる。

国書偽造を幕府に内部告発したのは、対馬藩家老の柳川調興《しげおき》である。柳川家は祖父の代から対朝鮮交渉の実務を担っており、幕府からも格別に評価されていた。そこで主家である宗氏から独立して旗本になるため、対馬藩の国書改変の事実を幕府に訴え出たのである。

寛永12年（1635）、3代将軍家光の御前に義成と調興を出頭させ、直接の口頭弁論を行った。そして翌日に裁きが下されたが、国書改変の罪を問われたのは義成ではなく調興のほうだった。義成を不問とする一方で、調興は津軽に流罪とされた。家光は柳川氏ではなく、宗氏に朝鮮との交渉を任せたほうが得策と考えたのだ。

また家光が宗氏を選んだのは、君臣の秩序を内外に示すためだったともいわれている。当時はまだ戦国の下剋上の風潮が残っており、調興も「のし上がろう」と野心を抱いて国書改変の告発をした。だがこのような下剋上はもはや通用しないことを印象付けるため、あえて宗氏を選んだという説もある。

かくして宗氏は引き続き朝鮮との貿易が認められ、対馬藩は改易されないまま明治維新まで存続したのである。

TABOO 30

女性も命がけだった戦国の世

# 磔刑、自害、離縁…女城主におとずれた悲劇の結末

**戦国時代に戦っていたのは男性だけではない。女性たちも命がけの日々を送り、ときには城主として合戦に臨み、城と運命をともにすることもあった。**

## 自害の作法も心得ていた戦国の女たち

戦国時代の女性は殿方を支え、夫の後ろに付き従ったという印象を抱いている人は少なくない。男尊女卑の世の中で、女性には自由がなかったと思いがちだが、実際はそうでもなかった。

従順を美徳とし、貞操が重んじられ、嫉妬を良しとしない考え方は、江戸

時代に儒教の精神が浸透したことで育まれたものである。また女性に財産権がないといった男尊女卑の構造は、明治時代の家制度によって確立されたものだ。戦国の世の女性たちの生き様はもっと力強く、自由だった。

宣教師ルイス・フロイスが著した『日欧文化比較』には、戦国女性たちの自由闊達な姿が描かれている。

「ヨーロッパでは夫が前、妻が後ろになって歩く。日本では夫が後ろ、妻が前を行く」

「ヨーロッパでは財産は夫婦の間で共有である。日本では各人が自分の分を所有している。ときに妻は夫に高利で貸し付ける」

フロイスは戦国期の日本女性のバイタリティーあふれる姿に驚嘆し、感心した。当時の女性たちは夫に無許可で外出し、離婚を妻から切り出すこともあるなど、現代の日本女性並みに自由だったのだ。

また武家の女性たちのほとんどが書を読み、教養に通じていた。剣や弓、槍などの鍛錬も怠らず、馬を乗りこなす女性も少なくなかった。池田恒興の娘・せんに至っては、鉄砲を使いこなして女鉄砲隊まで率いたという。自分の甲冑《かっちゅう》を所持する姫君も多く、大坂の陣では淀殿も甲冑を身につけて城内を見回りしていたと、徳川側の史料には書かれている。

合戦においても男女は比較的対等な立場にあり、女性たちも命がけの日々を送っていた。城主が城を枕に討死するときは、運命を共にする女性が少なくなかった。それは女性たちも合戦に参加し、戦っていたからだ。体力差があるので、彼女たちが与えられた役割のほとんどは後方支援だったが、なかには忍城《おし》の甲斐姫《かい》のように甲冑を身にまとい、戦場を駆け巡った例もある。

また常山《つねやま》城主・上野隆徳の正室だった鶴姫は、数千の毛利軍が迫るなか、甲冑を身につけて奮戦している。長刀《なぎなた》を持って敵の前に躍り出て、「敵兵ひとり討たずに自害するのは口惜しい」と雑兵たちを斬り伏せる。侍女が「人を討てば成仏できませぬ。どうか心お静かにご自害を」と止めても、鶴姫は「この戦場こそが浄土、修羅の苦しみも極楽のいとなみ」と敵将に一騎打ちを挑み、敵将を敗走させた。そして深手を負うと太刀《たち》をくわえ、突っ伏して絶命した。

亀姫の例はかなり稀なものだが、戦国の姫君は自害の作法も心得ていた。男性は切腹して果てたが、女性は胸を突くか、喉を刺して命を絶った。だがそれよりも壮絶だったのが、口から剣を呑むようにして突く死に方である。別所長治の叔母・波や武田勝頼の夫人（北条氏康の娘）が、このやり方で自害している。さらに介錯の方法も知っており、例えば大坂夏の陣で豊臣軍の渡辺糺《ただす》が傷ついて城に帰還したときには、母の正栄尼《しょうえいに》が介錯をしている。

このように、戦国の世では女性たちも男たちと互角に渡り合い、堂々と生き抜いていたのである。

## 7歳で女城主となった立花道雪《どうせつ》の娘・誾千代《ぎんちよ》

戦国の世では、夫である城主が合戦や病気で亡くなったあと、後家となった妻が女城主として領国経営を行うこともあった。後継ぎの子が幼い場合は、城主の妻が「女大名」となって戦っていた。

女城主としてよく知られているのが、立花道雪の娘・誾千代である。道雪は大友宗麟《そうりん》の片腕として活躍し、戦場に出れば負けなしという猛将だったが、後継ぎに恵まれなかった。そこで一人娘の誾千代に家督を譲り、彼女はわずか7歳で女城主となった。

一方で、道雪は立花家を継ぐのにふさわしい婿探しに奔走する。そして高橋紹運《じょううん》の子・統虎《むねとら》を誾千代の夫に迎えた。統虎は高橋家の後継ぎだったが、道雪は紹運に何度も懇願し、ようやく認めてもらった。統虎は立花宗茂《むねしげ》と名を改めて立花家の家臣団を掌握したが、誾千代には「立花家の主人は私」というプライドがあった。夫婦仲は次第にギクシャクし、宗茂が側室を迎えたのを機に別居した。

だが関ヶ原合戦の際には、「さすがは道雪の娘」ともいうべき武勇を見せつけている。夫の宗茂は西軍についたが、本戦に加われないまま本拠の柳河《やながわ》へと敗走する。一方、誾千代は敵に備えて海岸線を防備させ、自らも武装して戦いの準備を進めた。そのため、九州にいた加藤清正も安易に立花領へ攻め込もうとはしなかった。

結局、宗茂は清正の説得で城を明け渡して浪々の身となった。しかし誾千代は行動を共にせず、清正が用意した百姓家に住み始めた。そして2年後の慶長7年（1602）、誾千代は34歳の若さでこの世を去った。その後、夫の宗茂は徳川将軍家にその器量が認められ、改易から20年を経て柳河城主に返り咲いた。このとき、宗茂は誾千代のために良清寺《りょうせいじ》を建て、その菩提《ぼだい》を弔ったという。

## 信長を恨み呪って死んだおつやの方

戦国時代の武家同士の婚姻は政略結婚がほとんどだったため、両家が敵対すると離縁して実家に戻されることも少なくなかった。だが中には、嫁いだ家の女として生家と対立する姫君もいた。

浅井《あざい》長政に嫁いだ信長の妹・お市も、実家には戻らず長政に従い続けている。浅井氏滅亡後に織田家へ戻っているが、信長は妹やその娘たちを手厚く保護した。だが武田方の武将・秋山信友の妻となった叔母のおつやの方に対しては容赦がなかった。

おつやはお市と並び称される美貌の持ち主で、東美濃《ひがしみの》の支配体制を固めたい信長の意向で、岩村城主の遠山景任《かげとう》に嫁いだ。だが元亀《げんき》3年（1572）、景任は嗣子のないまま病没してしまう。そこでおつやは信長の五男・坊丸（のちの勝長）を養子にもらい受け、彼が成長するまでの間、実質的な城主として家中をまとめることになった。

しかし同年秋、武田信玄が西上作戦を開始し、岩村城も勇将として名高い秋山信友の軍勢に包囲されてしまう。当時の信長は東西南北に敵を抱え、援軍などはとても期待できなかった。それでも難攻不落の要塞だった岩村城は陥落せず、信友はおつやを説得して城を開けさせる策に出た。

信友は「もし城を開けてくれれば、私があなたの夫となってこの城を守る」と誘い、おつやは城内の兵と坊丸の保護を条件に降伏した。当時の武田軍は破竹の勢いで、「もう織田の時代は終わる」と見切ったのかもしれない。

ところが信玄は翌年に病死し、信長はギリギリのところで息を吹き返した。そして武田方に降った叔母に対し、並々ならぬ恨みを抱くようになった。

天正3年（1575）、武田軍が長篠の戦いで大敗すると、岩村城も織田の大軍に包囲されて攻撃を受ける。もはや落城が避けられないと悟った信友は、「自らの命と引き換えに、城兵や妻子の命を助けてほしい」と懇願する。信長はこれを受け入れ、岩村城は開城した。

ところが怒れる信長は約束を破り、城兵を皆殺しにしてしまう。おつやは信友や重臣とともに岐阜へ連行され、逆さ磔《はりつけ》の刑に処された。死の間際、おつやは「おなごの弱さゆえにかくなりしを、叔母をこのような非道な目にあわせるとは。信長よ、おのれも必ず因果の報いを受けるだろう」と叫び、最期まで甥を呪い続けたという。

## ●参考文献一覧

『戦国武将の明暗』本郷和人、新潮社／『歴史群像シリーズ特別編集 図説・戦国武将118』学研／『新・歴史群像シリーズ12 徳川家康 大戦略と激闘の譜』学研／『新・歴史群像シリーズ19 伊達政宗 奥州より天下を睨む独眼龍』学研／『歴史群像シリーズ 奮闘 前田利家』学研／『歴史群像シリーズ特別編集 毛利戦記』学研／『戦争の日本史14 一向一揆と石山合戦』神田千里、吉川弘文館／『織田信長』池上裕子、吉川弘文館／『信長研究の最前線 ここまでわかった「革新者」の実像』日本史史料研究会編、洋泉社／『織田信長<天下人>の実像』金子拓、講談社現代新書／『キリシタン将軍 伊達政宗』大泉光一、柏書房／『伊達政宗の遣欧使節』松田毅一、新人物往来社／『戦国武将の意外な関係』加賀康之、PHP文庫／『武田勝頼』笹本正治、ミネルヴァ書房／『武田勝頼』柴辻俊六、新人物往来社／『敗者の日本史9 長篠合戦と武田勝頼』平山優、吉川弘文館／『江戸の金山奉行 大久保長安の謎』川上隆志、現代書館／『姫路が生んだ戦国の智将 黒田官兵衛』姫路獨協大学播磨総合研究所編、神戸新聞総合出版センター／『黒田官兵衛「天下を狙った軍師」の実像』諏訪勝則、中公新書／『黒田如水』小和田哲男、ミネルヴァ書房／『徳川幕府はなぜ朝鮮王朝と蜜月を築けたのか』康熙奉、実業之日本社／『対馬藩江戸家老』山本博文、講談社学術文庫／『日本の対外関係5 地球的世界の成立』荒野泰典・石井正敏・村井章介編、吉川弘文館／『九州のキリシタン大名』吉永正春、海鳥社／『読みなおす日本史 キリシタン大名』岡田章雄、吉川弘文館／『大友宗麟のすべて』芥川龍男、新人物往来社／『大友宗麟』外山幹夫、吉川弘文館／『史伝 佐々成政』遠藤和子、学研M文庫／『謀将 石川数正』南原幹雄、新潮文庫／『歴史REAL 女たちの戦国時代』洋泉社／『歴史街道SELECT 上杉謙信 最強軍団を率いた越後の龍』歴史街道編集部編、PHP研究所／『関ヶ原 島津退き口』桐野作人、学研新書／『歴史群像シリーズ 島津戦記』学研／『徳川千姫読本』内海昭佳、総合出版社歴研／『徳川妻妾記』高柳金芳、雄山閣／『シリーズ藩物語 山形藩』横山昭男、現代書館／『陸奥・出羽・斯波・最上一族』七宮涬三、新人物往来社／『歴史街道 2015年4月号』PHP研究所／『一個人 別冊 戦国武将の謎127』KKベストセラーズ／『秀吉を襲った大地震』寒川旭、平凡社新書／『天災から日本史を読みなおす』磯田道史、中公新書／『今こそ知っておきたい「災害の日本史」』岳真也、PHP文庫／『週刊 ビジュアル日本の合戦 No.34 斎藤道三・義龍と長良川の戦い』講談社／『歴史群像シリーズ 激震 織田信長』学研／『戦国武将と男色 知られざる「武家衆道」の盛衰史』乃至政彦、洋泉社／『あなたの歴史知識はもう古い！ 変わる日本史』日本歴史楽会編、宝島社／『日本の100人 No.016 前田利家』DeAGOSTINI／『歴史探訪シリーズ 覇王の軍』晋遊舎／『【絵解き】雑兵足軽たちの戦い』東郷隆、講談社文庫／『【絵解き】戦国武士の合戦心得』東郷隆、講談社文庫／『徳川家康と関ヶ原の戦い』本多隆成、吉川弘文館／『ここが一番おもしろい！ 戦国時代の舞台裏』歴史の謎研究会編、青春出版社／『謎解き 戦国武将 常識のウソ』戦国新説研究会編、一水社／『間違いだらけの戦国史』小和田哲男・柴辻俊六監修、新人物往来社／『日本史「常識」はウソだらけ』加来耕三、祥伝社黄金文庫／『日本史の新常識100』晋遊舎／『知られざる戦国残酷史』洋泉社／『徳川四天王 戦国覇者・徳川家臣たちの忠義と死に様』英和出版社／『歴史人2011年4月号 決定！戦国武将最強ランキング』KKベストセラーズ／『歴史人2013年12月号 敗者の日本史』KKベストセラーズ／『歴史人2015年7月号「本能寺の変」の謎をすべて解く！』KKベストセラーズ
／『別冊宝島2296 北陸歴史探訪』宝島社／『別冊宝島2322 家康の謎』宝島社／『別冊宝島2339 絵図で読み解く天災の日本史』磯田道史監修、宝島社

執　筆
常井宏平

デザイン・DTP
喜安理絵

編集
別冊宝島編集部

(株)グレイル 石川夏子

宝島
SUGOI
文庫

# 誰も書かなかった「タブーの戦国史」大全
(だれもかかなかった「たぶーのせんごくし」たいぜん)

2015年8月20日　第1刷発行

編　者　別冊宝島編集部
発行人　蓮見清一
発行所　株式会社宝島社
〒102-8388　東京都千代田区一番町25番地
電話：営業 03(3234)4621／編集 03(3239)0928
http://tkj.jp
振替：00170-1-170829 (株)宝島社
印刷・製本　株式会社廣済堂


ISBN978-4-8002-4413-0